La magie des pierres précieuses

CHRYSTÈLE DE MONDANGE

18

C
O
L
L
E
C
T
I
O
N

**L
U
M
I
È
R
E
S**

La magie des pierres précieuses

Découvrez la pierre qui vous est destinée

EDITIONS
de Bressac

Illustration de la couverture : Charles Vinh
Conception graphique : Christiane Séguin
Infographie : Papyrus communication graphique
Révision : Francine Laroche

Dépôt légal 3e trimestre 1997

ISBN 2-84320-023-7

DIFFUSION / DISTRIBUTION

AMÉRIQUE
Messageries ADP (filiale de Sogides ltée)
955, rue Amherst, Montréal (Québec) H2L 3K4
(514) 523-1182

FRANCE (distribution)
Distique S.A., 5, rue Maréchal Leclerc, 28600 Luisant, France
(02) 37.30.57.00

FRANCE (diffusion)
C.E.D. Diffusion, 73, Quai Auguste Deshaies, 94854 Ivry / Seine, France
(01) 46.58.38.40

BELGIQUE
Diffusion Vander s.a., 321, avenue des Volontaires, B-1150 Bruxelles, Belgique
(2) 762.98.04

SUISSE
Transat s.a., Rte des Jeunes, 4 ter, Case postale 125, 1211 Genève 26, Suisse
342.77.40

Publié par Éditions de Bressac, une marque de Sabre Communication
5, avenue du Maréchal Juin, 92100 Boulogne, France
(01) 41.22.05.29

Imprimé et relié au Canada

Table des matières

Introduction

La pierre est un récepteur privilégié, et la plupart d'entre nous en ont déjà fait l'expérience. Qui, en effet, n'a pas senti une onde, une énergie bienfaisante le parcourir, le laissant en harmonie avec l'ordre cosmique, en tenant dans la paume de sa main un galet gorgé de rayons de soleil? Les pierres précieuses sont, à l'instar de ce galet, des intermédiaires entre les forces terrestres et les influences planétaires. Comme nous, la pierre porte en elle le ciel et la Terre. Les hommes du passé, tout comme ceux d'aujourd'hui, le savaient.

LES PIERRES EN DES TEMPS ANCIENS

Une immense fascination, tel était le sentiment que les hommes des temps anciens éprouvaient pour les pierres précieuses. Les gemmes étaient l'objet d'une véritable vénération, on allait même jusqu'à s'entre-tuer pour les posséder! Certains leur attribuaient des origines légendaires célestes : elles étaient les larmes des dieux, condensées comme des gouttes à la surface de la terre. Dans une légende grecque, on raconte que les gouttes de sang glissant de la tête de la Gorgone (Méduse) décapitée par Persée se sont solidifiées et transformées en corail. Parfois, on citait tout simplement leur origine naturelle, les considérant comme des enfants que la terre avait engendrés en son sein. Et dans toutes les cultures, quelle que soit l'époque considérée, l'homme prêtait à ces pierres précieuses une mosaïque de pouvoirs : curatifs, bénéfiques, magiques...

Déjà au néolithique, les pierres qui se distinguaient des autres par leur dureté, leur inaltérabilité et leurs couleurs étaient très recherchées. Dans un environnement hostile, il était de bon augure d'en posséder. Cette recherche de la pierre rare fit naître les échanges. Selon la valeur et les vertus qu'on leur accordait, elles devinrent de véritables monnaies. Dans l'Antiquité, les turquoises, agates, améthystes, lapis-lazulis, émeraudes, cornalines, diamants et rubis circulaient d'un bout à l'autre du monde. De l'Inde, qui jusqu'au XIXe siècle était le principal producteur de pierres, à l'Occident, les gemmes voyageaient, porteuses des symboles les plus chers au cœur humain. Les hommes les utilisaient pour confectionner des amulettes et des talismans qui repoussaient la maladie et le malheur et qui attiraient la pluie, les bonnes récoltes, la clémence des dieux, les honneurs, la chance et l'amour. C'est d'abord vers les minéraux que l'homme se tournait pour conjurer l'avenir et sa peur de l'inconnu. Et les pierres répondaient à ses attentes, en guérissant certaines maladies qui l'affligeaient! Les pierres précieuses recelaient des propriétés reliées à leur structure et à leur couleur. Par un effet d'analogie, les pierres rouges, comme le rubis ou le grenat, guérissaient les maladies du sang et les pierres jaunes soignaient la jaunisse, le foie. Ce savoir, qui a parcouru l'histoire et que l'on retrouve dans la pratique des chamans et de tous les autres dépositaires des vertus secrètes des minéraux, est aujourd'hui en partie repris par les médecines douces et naturelles. Les Anciens se servaient aussi des pierres précieuses pour prédire l'avenir. Ils pratiquaient la lécanomancie, une sorte d'art divinatoire qui consistait à jeter des pierres dans l'eau et à formuler des prédictions selon le bruit et les mouvements observés. Elle était en usage chez les Perses, les Hébreux, les Égyptiens, les Grecs et les Romains. Pline l'Ancien, un naturaliste et écrivain romain, relate dans son *Histoire naturelle* les pouvoirs magiques que les Romains accordaient aux pierres; ils avaient, paraît-il, rapporté de leurs conquêtes en Orient de fabuleux joyaux.

Enfin, certains de ces pouvoirs magiques se sont avérés si forts qu'ils ont traversé le temps, rejoignant ainsi notre culture et notre inconscient collectif. De nombreuses gemmes apportaient l'immortalité, le bonheur, la protection de la famille. Dans l'Égypte ancienne, le lapis-lazuli, consacré à la déesse Isis, protégeait les familles de l'inceste, très répandu à cette époque; dans *Le Livre des morts*, un scarabée en turquoise mis dans le tombeau du défunt lui ouvrait les portes de la vie éternelle. En Inde, terre nourricière de toutes les gemmes, le diamant et le rubis avaient tous deux la faveur des puissants; le rubis, par exemple, portait chance dans les combats et attirait la fortune. La pierre de lune, symbole de fertilité et de bonheur, était aussi très prisée dans cette civilisation. Les Mayas et les Incas, quant à eux, leur rendaient un véritable culte, à tel point que les conquistadores feront main basse sur d'incroyables quantités d'émeraudes. D'ailleurs, cette pierre est celle qui symbolise le mieux la réunion des valeurs issues de l'Orient et de l'Occident. Dans le monde chrétien, l'émeraude était parée de toutes les vertus. Elle était la pierre dans laquelle était creusée la coupe du Graal. Elle apportait jeunesse et beauté à qui en possédait une, et son pouvoir se trouvait renforcé si l'on y faisait graver une figure, des chiffres, des lettres, eux-mêmes hautement symboliques. Ces pouvoirs curatifs, magiques, ont-ils aujourd'hui disparu?

LES PIERRES AUJOURD'HUI

Il semble bien que la science, la technique, la rationalité et toutes les valeurs du monde moderne n'aient pas porté atteinte aux vertus des pierres. Leur pouvoir reste bien vivant : il suffit de mesurer l'impact du phénomène new age qui, entre autres, accorde des pouvoirs infinis aux cristaux. En effet, il n'est pas facile de vivre dans notre société moderne, d'affronter les difficultés de chaque jour, d'envisager avec optimisme un avenir qui n'est pas forcément radieux. Alors, pour nous rassurer, nous protéger de l'adversité et attirer sur nous des influences positives, nous nous tournons vers d'autres forces. Nous sentons bien que la pierre, minuscule fragment du monde minéral, est, comme nous, reliée à la Terre, et qu'en lui reconnaissant des pouvoirs, nous tendons vers l'harmonie de notre planète.

À l'instar des animaux et des plantes, les minéraux doivent être considérés comme des «êtres vivants». Il existe d'ailleurs un procédé photographique, mis au point dans les années 40 par M. Kirlian, un chercheur russe, qui permet de voir sur des épreuves le rayonnement émis par les minéraux. De par leur formation, leur structure, leur texture et leur couleur, la pierre précieuse et la simple roche ont une histoire qu'elles nous transmettent par leurs ondes. Cette énergie qu'elles nous communiquent nous aide à nous soigner, à méditer, mais nous apporte aussi joie de vivre, rêves, chance, bonheur, amour. Et dans cette quête, certaines gemmes conviennent mieux que d'autres. Le but de ce livre est de vous aider à découvrir la pierre qui est pour vous «la meilleure» afin que ses bienfaits vous touchent, et que vous l'aimiez. Mais cette gemme au rayonnement bénéfique gardera toujours une part de son mystère.

La connaissance des pierres

1

PETIT TRAITÉ DE MINÉRALOGIE

Avant d'aborder les notions essentielles sur la formation des cristaux, quelques précisions de vocabulaire s'imposent. Il existe sur la terre plus de 3000 espèces de minéraux réparties dans différentes catégories. Fort heureusement, cette classification nous permet d'y voir un peu plus clair.

Une roche est une matière constitutive de l'écorce terrestre formée d'un agrégat de minéraux et présentant une homogénéité de composition, de structure, de mode de formation. Disons pour simplifier qu'une roche est un ensemble comportant plusieurs minéraux

Un minéral est un des constituants des roches. C'est un solide dont la composition et la structure diffèrent selon les familles.

Un cristal est un minéral qui est caractérisé par une forme géométrique particulière bien définie et durable. Par exemple, le cristal de roche est un quartz. Il y a formation de cristaux quand une matière à l'état liquide passe à l'état solide dans un processus nommé cristallisation.

Une pierre est un morceau dur et solide de l'écorce terrestre.

Une pierre précieuse est, au sens strict, une appellation (qui découle d'un décret de 1968) réservée à quatre pierres : le diamant, le rubis, le saphir et l'émeraude. Au sens large, elle inclut tout fragment de substance minérale recherché pour sa rareté, son éclat, sa transparence, sa couleur et sa dureté. Les principales pierres précieuses sont, dans l'ordre :

l'aigue-marine, l'améthyste, le béryl, la calcédoine, le corindon, le grenat, l'opale, le saphir, le zircon, etc. Une gemme est le nom que l'on donnait autrefois aux pierres précieuses transparentes par opposition aux pierres opaques.

Une pierre fine est le terme utilisé pour définir les pierres qui acquièrent de la valeur en raison de leur taille, qui fait ressortir leur éclat.

Une pierre artificielle est la dénomination qui caractérise les gemmes d'imitation et les gemmes synthétiques.

Les roches et les minéraux
Pour bien saisir le long processus de formation des pierres, une visite sous terre s'impose. Elle nous permettra de mieux comprendre les différentes étapes qui président à la naissance des pierres ainsi que les divers phénomènes qui agissent sur elles.

LES ROCHES
Le cœur de la terre est constitué d'un liquide chaud en fusion appelé magma. Ce liquide peut jaillir lors d'une éruption volcanique et, en se refroidissant, donner naissance à des roches dites magmatiques. Quand la roche s'est solidifiée en surface, on la nomme roche éruptive. Si la solidification s'est effectuée juste avant d'atteindre la couche terrestre, on la nomme pegmatite. On définit la roche comme le gîte naturel des cristaux. Dans les pegmatites, on trouve un certain nombre de minéraux tels le béryl et la tourmaline.

Mais il faut aussi prendre en compte le facteur temps qui, en géologie, se calcule en millions d'années. Ainsi le refroidissement du magma peut prendre jusqu'à un million d'années, c'est-à-dire avant qu'il ne se solidifie totalement et qu'il permette à tous ses composants de se cristalliser. En raison des modifications terrestres, le magma s'approchant de la croûte de la terre, et se refroidissant, va donner naissance à un autre groupe de roches. Cette altération en surface des roches éruptives par divers facteurs d'érosion est à l'origine de la formation des roches sédimentaires, qui sont le siège de nombreux minéraux : aigue-marine, rubis, diamant, etc.

En bref, dérivant de ces deux catégories, il existe une

troisième sorte de roches que l'on appelle roches métamor-
phiques. Ce sont des roches dont la structure a subi différentes modifications liées à la chaleur et à la pression dans la
croûte terrestre.

LES MINÉRAUX

Il est également important d'avoir quelques notions sur les
composants des minéraux, qui ont, eux aussi, un rôle à
jouer dans les différents effets que peut exercer une pierre.

Certains minéraux n'ont qu'un seul composant (le diamant est du carbone pur cristallisé), alors que d'autres ré-
sultent de la combinaison de plusieurs éléments chimiques,
les plus fréquents étant le silicium, les différents oxydes, le
cuivre, le fer et le manganèse. Dans le tableau de la page 20,
nous vous présentons une classification donnant la composition chimique de chacun des minéraux et, pour chaque
famille, les pierres précieuses qui s'y retrouvent. Il existe
toutefois des classifications établies à partir de l'origine
chimique des minéraux. Il faut savoir qu'il y a des dif-
férences d'appellation entre le nom scientifique d'une
pierre et son nom courant. Ces composants chimiques
déterminent les vertus curatives des pierres. On connaît
depuis toujours l'importance du fer pour la santé; sa
présence dans la composition de l'hématite permet à cette
gemme d'avoir des effets thérapeutiques sur les problèmes
sanguins. Cette composition a également une influence sur
la couleur de la pierre, qui joue elle aussi un rôle prépondérant. Le cuivre colore en vert certains minéraux,
comme la malachite, et offre ainsi au regard et au psychisme
de son possesseur une teinte apaisante. La cristallochimie
étudie les relations entre les composants chimiques et les
liaisons entre les différents atomes.

LA STRUCTURE DES MINÉRAUX

Un minéral est donc un composé chimique de formation
naturelle, solide et homogène. Les minéraux sont cristallisés,
ce qui signifie que les atomes dont ils sont faits sont répartis
selon un système plus ou moins complexe. On nomme structure cristalline cette répartition des atomes dans le
minéral,répartition qui relève d'un des sept systèmes
cristallins et qui a été étudiée par la cristallographie, dont l'un
des fondateursest Jean-Baptiste Romé de l'Isle (1736-1790).

Tableau des minéraux et des pierres précieuses

Minéral	Pierres précieuses
Béryl	émeraude, aigue-marine, béryl doré, morganite
Calcédoine	hématite, héliotrope, cornaline calcédoine, agate
Chrysobéryil	alexandrite, chrysobéryl jaune
Corindon	rubis, saphir
Diamant	diamant
Feldspath	amazonite, pierre de lune, pierre de soleil
Grenat	almandin, pyrope, démantoïde, essonite
Jadéite	jade
Néphrite	jade
Opale	opale noire, opale de feu, opale blanche
Péridot	péridot, chrysolithe, olivine
Quartz	améthyste, cristal de roche, citrine, œil-de-tigre, jaspe
Spinelle	rubis, spinelle bleu, spinelle de feu
Topaze	topaze
Tourmaline	tourmaline rouge, tourmaline verte
Turquoise	turquoise
Zircon	hyacinthe

On a constaté que les cristaux présentaient le plus souvent des formes géométriques constantes. Selon le système auquel la pierre appartient, elle aura des propriétés et des influences particulières. En effet, l'énergie lumineuse que la pierre nous donne se propage à l'intérieur de cette dernière en tenant compte de sa structure. Il est plus facile, par exemple, de capter l'énergie d'un cristal de roche qui a une pointe dirigée vers soi.

Regardons plus en détail la description des sept systèmes cristallins dont nous venons de faire mention.

1. Le système cubique : trois paramètres orthogonaux, la base est un cube (exemple : le diamant).

2. Le système quadratique : prisme droit à base carrée (exemple : le zircon).

3. Le système hexagonal : prisme hexagonal, polygone à six angles et six côtés (exemple : l'émeraude).

4. Le système rhomboédrique : cristal parallélépipédique dont les six faces sont des losanges égaux (exemple : la topaze).

5. Le système orthorhombique : dont la symétrie du réseau est celle d'un parallélépipède rectangle ou d'un prisme droit à base de losange (exemple : le quartz).

6. Le système monoclinique : prisme oblique à quatre faces latérales parallélogrammatiques et à deux bases rectangulaires (exemple : la néphrite).

7. Le système triclinique : forme de parallélépipède (exemple : la turquoise).

Chaque système peut également se subdiviser en plusieurs formes géométriques, qui sont d'ailleurs étudiées dans le cadre de la cristallographie. Mais la question que l'on se pose est celle du sens. Doit-on donner une valeur symbolique particulière à une pierre parce qu'elle cristallise selon tel ou tel système? Il n'y a pas actuellement de réponse à cette question. On peut juste constater que dans certains systèmes, comme l'hexagonal, les cristaux semblent mieux capter la lumière divine.

LES PROPRIÉTÉS PHYSIQUES DES MINÉRAUX

Des critères telle la dureté de même que certaines propriétés optiques (la transparence et la couleur) sont essentiels pour déterminer la qualité et la valeur d'une pierre précieuse. La densité et le clivage sont aussi des aspects à considérer.

La dureté. Elle est calculée selon une échelle que l'on appelle l'échelle de Mohs, mise au point en 1822 par ce minéralogiste autrichien. Elle consiste à étudier la dureté de chaque minéral en fonction des minéraux qu'il peut rayer et à lui attribuer une valeur entre 1 et 10 (voir le tableau qui suit). Le diamant, le plus dur, récolte la valeur 10, alors que le talc, le plus mou, obtient la valeur 1. Il est déconseillé de faire ce test pour les gemmes taillées. Pour les pierres précieuses, la dureté recherchée est celle du quartz (7); les pierres sont qualifiées de dures si elles se situent au-delà de 6.

Échelle de Mohs	
Valeur de dureté	Minéral
1	Talc
2	Gypse
3	Calcite
4	FLuorite
5	Apatite
6	Orthose
7	Quartz
8	Topaze
9	Corindon
10	Diamant

Cette grille est utile pour avoir une idée de la fragilité de certaines pierres qu'il faut traiter avec des précautions supplémentaires. Il va de soi que des pierres dures comme le quartz, la topaze, le saphir et le diamant ont une durée de vie plus longue que l'ambre ou la malachite. La valeur des pierres étant fonction de leur dureté, celles qui traversent le temps sont évidemment plus dispendieuses. On peut aussi établir un parallèle entre cette valeur marchande et leur valeur symbolique. Ainsi, le diamant, la pierre la plus prisée, est chargé de la plus grande valeur symbolique, celle de l'éternité. Il est donc utile de connaître cet aspect des gemmes, qui déterminera pour celui qui la possède sa longévité et les soins à y apporter.

Les propriétés optiques. La couleur étant un point fondamental dans l'étude des pouvoirs des pierres, qu'ils soient d'ordre curatif ou magique, nous lui avons consacré un passage entier. Limitons donc pour le moment notre approche au phénomène strictement optique. On constate que la couleur dépendant de la lumière provient également des composants chimiques des minéraux et qu'elle est aussi fonction de leur structure, des inclusions. Avant d'aller plus loin, apportons quelques précisions relatives à un certain nombre de termes que l'on entend souvent et qui comportent certaines nuances.

La transparence correspond à la capacité d'une pierre d'être traversée par la lumière. Elle est un des critères qui définissent la qualité d'une pierre précieuse. Les plus transparentes sont le diamant, le saphir, le rubis et l'émeraude. Mais il existe des degrés dans la transparence, si bien que certaines gemmes sont qualifiées de semi-transparentes. Les pierres transparentes sont symboliquement reliées à l'esprit, à l'intellectualité, à la spiritualité.

La translucidité pourrait se traduire par un état réduit de transparence. Une pierre translucide va laisser passer la lumière, mais sans que l'on puisse distinguer avec netteté une inclusion cachée au cœur de la gemme. Les pierres translucides sont en liaison avec l'affectivité, le monde émotionnel, notre univers sentimental.

L'opacité est la propriété d'une pierre qui ne se laisse pas traverser par la lumière. Les pierres opaques sont en relation avec notre enveloppe matérielle.

Le polychroïsme est un phénomène qui se produit lorsqu'un corps transparent présente des couleurs différentes selon l'incidence de la lumière. Selon l'angle sous lequel vous observez une gemme, elle prendra des teintes diverses.

La réfraction est un indice qui mesure la capacité de la gemme à repousser le rayon de lumière qui la traverse.

La biréfringence est une propriété qu'ont certains cristaux de dédoubler un rayon lumineux qui les traverse.

L'éclat correspond à l'effet de brillance d'une pierre, qui est lié à la réfraction de la lumière. Un éclat «adamantin» convient aux pierres réfringentes telles que le diamant, alors qu'un éclat «vitreux», comme celui du verre, sied aux gemmes appartenant à la famille des corindons. On utilisera un éclat «métallique» pour caractériser l'hématite et la pyrite, et un «éclat résineux» pour définir l'ambre.

La densité. La densité (ou poids spécifique) se définit comme le rapport du poids du cristal à son volume d'eau. Le carat correspond à l'unité de mesure de masse valable pour le diamant (1 carat étant égal à 0,20 gramme, subdivisé en 100 points ou centièmes). Le gramme est utilisé pour les pierres semi-précieuses et le grain correspond à l'unité de mesure (équivalant à 0,05 gramme) pour les perles.

Le clivage. On utilise ce terme lorsqu'un cristal se laisse diviser en lames. La capacité de la pierre à se cliver facilite sa taille. Cette propriété peut être naturelle ou résulter d'une opération faite dans un but artistique.

LES PIERRES ET LA SYMBOLIQUE DES COULEURS

«Ma bague préférée est sertie d'un rubis, je ne la quitte jamais et quand j'accuse un manque de tonus ou une baisse de moral, je regarde son bel éclat rouge sombre et j'ai alors le sentiment qu'elle m'envoie un rayon plein d'énergie qui atténue un peu ma fatigue.» La couleur de la pierre joue un rôle essentiel. C'est elle qui détermine les effets de la gemme. Si le rouge dynamise, le vert apaise. Le choix d'un rubis ou d'une émeraude répond à des exigences bien précises. Les couleurs sont porteuses de vibrations qui nous rendent gais ou tristes, qui nous donnent de la lumière, de l'énergie. Elles influencent notre comportement de manière déterminante. Il y a un langage des couleurs auquel on associe une thérapie. Il est utile de relier ce savoir transmis par les traditions les plus anciennes à la connaissance des gemmes. La pierre est un médium dans lequel se matérialisent des forces qui viennent de sa couleur et qui, selon la nature de cette dernière, sont associées à des significations morales.

Pour choisir une pierre, il est bon de savoir quelle sera l'influence de sa couleur sur votre physique et sur votre esprit. La couleur, rappelons-nous, est la sensation que produisent sur l'oeil les radiations de la lumière quand elles sont absorbées ou réfléchies par les corps. On sait aussi que la lumière solaire peut être décomposée en un prisme qui comprend sept couleurs : le violet, l'indigo, le bleu, le vert, le jaune, l'orangé et le rouge. Parmi ces sept couleurs, il y a en trois qui sont fondamentales, soit le jaune, le rouge et le bleu. Ce sont les couleurs primaires, génératrices de toutes les autres à l'exception du blanc et du noir. Certaines pierres accrochent mieux la lumière que d'autres et nous renvoient des ondes colorées de toute beauté. Chaque couleur a son propre rayonnement, et cela détermine les pouvoirs qu'elle a sur notre comportement.

Dans le choix d'une pierre, une autre distinction revêt de l'importance, celle qui est établie entre couleurs chaudes et couleurs froides. Les couleurs chaudes (le rouge, l'orangé et le jaune) dynamisent et «vitalisent». Les couleurs froides (le bleu, le vert, l'indigo et le violet) calment et apaisent.

Avant d'aborder la symbolique rattachée à chaque couleur, prenez connaissance de cette réflexion de Léon Battista Alberti (1404-1472), humaniste et architecte florentin qui a réalisé des traités de peinture et qui montre dans le *De Pictura* que les quatre éléments sont à l'origine des couleurs fondamentales : «Le rouge est couleur de feu, le bleu céleste couleur de l'air, le vert couleur de l'eau et la terre est grise et cendreuse.»

Le langage de chaque couleur
Le blanc. Couleur de la glace, du givre, du froid. D'ailleurs, l'origine du terme cristal vient du grec *krustallos* qui signifie glace. Dans de nombreuses civilisations, le blanc est un symbole de pureté. Dans le christianisme, le blanc signifie pureté et joie. Quand on regarde une pierre blanche, on est envahi par des sensations de calme, de distance. Le blanc

favorise la méditation, l'élévation spirituelle. C'est une des couleurs de prédilection pour la méditation. Elle apporte la paix de l'âme et confère une sorte de charisme au possesseur d'une pierre blanche. On associe le blanc à la couleur de la lune. Mais on considère parfois le blanc avec réticence : «On se fait des cheveux blancs.» Il est alors synonyme de présages funestes; certains diamants presque blancs ont porté malheur à leurs propriétaires.

Le bleu. Couleur du ciel qui invite au calme et à la détente. C'est aussi la couleur de l'ordre céleste, du divin. Comme pour le blanc, on l'associe souvent aux anges. Le bleu nous renvoie à la sagesse, au calme, à la liberté maîtrisée. Cette couleur est essentiellement reliée à la notion d'équilibre, de pondération de la personnalité.

Le bleu rassure et nous permet de maîtriser nos émotions. C'est aussi une teinte qui favorise les relations affectives positives. Le port d'un saphir bleu pâle pour les femmes ou bleu foncé pour les hommes leur ouvrira la voie de relations sentimentales stables et épanouies. Les personnes stressées, sujettes aux énervements ou aux emportements, ont intérêt à porter cette couleur. C'est la couleur de la planète Jupiter. Tous les influx positifs du bleu se retrouvent dans les nombreuses nuances que comporte la gamme des bleus, du bleu ciel au bleu marine presque noir. Plus cette teinte est sombre, plus elle renforce la prudence de celui ou de celle qui la porte. Parmi les pierres bleues, certaines (comme la turquoise) ont des effets merveilleux que nous évoquerons aussi bien pour la santé que pour le bonheur et la chance.

Le bleu-vert. Un grand nombre de gemmes ont cette couleur intermédiaire, comme l'aigue-marine, quelques turquoises, la chrysocolle. Les deux couleurs ont des effets totalement complémentaires et procurent des vibrations positives pour l'équilibre.

Le jaune. Couleur du soleil, de la lumière, de l'or. C'est aussi la couleur de la parole, du Verbe. Elle nous stimule, elle donne vitalité et énergie. Elle est une passerelle entre le rouge et l'orangé. Si vous regardez une belle topaze jaune d'or, vous avez la sensation qu'elle est une parcelle d'énergie solaire. C'est une excellente couleur pour l'esprit de même que pour le physique. Elle est souvent associée à la couleur de l'or, donc à la richesse matérielle. Pour certains, le jaune correspond à la trahison, à l'infidélité, à l'adultère (personnage de Judas), et le port d'une pierre jaune serait déconseillé. Mais comment résister à la vibration tonique d'une belle citrine?

Le noir. Couleur de la nuit, de l'ombre. En Occident, elle est le symbole de la mort qui est la négation de l'élan vital. Avec le noir, on entre dans le domaine de la tristesse, du deuil. Les pierres noires sont assez peu estimées, exception faite des diamants noirs et des perles noires. Il faut évidemment éviter d'en porter si l'on se sent déprimé. Mais comme à la nuit succède le jour, le noir est aussi la couleur de tous les recommencements, de tous les changements d'états. Il peut donc avoir des effets positifs dans certaines situations en favorisant la mémoire et la concentration, le passage de la pensée à l'action. Cependant, si vous n'avez pas un équilibre à toute épreuve et si vous appartenez au sexe féminin, nous vous conseillons d'éviter les gemmes noires telles que l'onyx et l'obsidienne. Le noir est la couleur de Saturne, que l'on représente parfois comme la mort avec une faux.

L'orangé. Couleur du feu, de la chaleur. Cette belle couleur apporte la joie de vivre, la vitalité, l'enthousiasme. Situé entre le rouge et le jaune, l'orangé conserve tous leurs influx positifs. Il est aussi la teinte de l'intuition. Il agit de façon remarquable et positive sur la santé de ceux qui l'apprécient. Cette couleur incite à la sensualité, au partage, à la communication. C'est la couleur des échanges; on l'utilise beaucoup dans le domaine de la vente. L'opale de feu a, comme son nom l'indique, de splendides reflets irisés. La calcite orange aide à la guérison de nombreuses maladies.

Le rose. Tout le monde connaît l'expression «voir la vie en rose». Et que dire de la fleur qui porte son nom? Le rose est symboliquement relié à la beauté, à la femme et à l'amour. C'est une couleur sensuelle, charnelle, qui évoque l'harmonie, la délicatesse, la tendresse. Le rose a une action bénéfique sur l'humeur. Cette couleur nous rend positif et créatif. La beauté d'un quartz rose, appelé aussi rubis de Bohême, nous transporte vers la douceur, l'enfance, la volupté. Le rose nous réconforte et nous calme. Les gemmes roses sont peu courantes, et leur éclat est fragile.

Le rouge. Couleur du sang et du feu. Le rouge, couleur vitale, s'oppose au noir, teinte de la maladie et de la mort. C'est la couleur de la vie qui coule dans nos veines. Dans la religion hébraïque, le nom d'Adam signifie d'ailleurs rouge. Dans le religion catholique, le rouge évoque le sang des martyrs, c'est aussi la couleur de la Passion. De toutes les couleurs, c'est la plus puissante. Comme je l'ai mentionné plus haut, elle agit efficacement quand on sent des baisses d'énergie. Elle ne peut donc convenir à tout le monde; les personnes agressives ou nerveuses doivent l'éviter. Le rouge agit comme un élixir de jouvence. Il dynamise et doit être manié avec précaution. Certains rubis d'un rouge un peu violacé sont appelés «sang de pigeon». D'ailleurs, le rouge est la couleur de Mars, le dieu de la guerre.

Le vert. Couleur dominante des végétaux, de la nature, du printemps. C'est aussi celle de l'eau des rivières, de la mer. Le vert, c'est la couleur de la vie. On se met au vert pour respirer, retrouver son énergie perdue. Il a des propriétés calmantes, équilibrantes. Il chasse l'inquiétude; à son contact, on se sent serein. C'est une couleur qui, comme le bleu, contribue à l'équilibre de ceux qui la choisissent. C'est aussi la couleur de l'espérance. Pour l'islam, le vert est la couleur réservée aux mosquées. La beauté des émeraudes fait rêver, et c'est une des gemmes qui ont été vénérées tant par l'Orient que l'Occident. C'est la couleur de Vénus, déesse protectrice de l'amour. Mais cet amour, c'est celui de la mère; en psychanalyse, on relie la mère à l'eau. Parfois l'émeraude si prisée passait pour être la pierre de Satan. Pour certains, une pierre verte n'est pas de bon augure. Dans le domaine de la mode, de grands couturiers évitaient de créer des vêtements ou des accessoires, voire des bijoux, de cette teinte, car ils se vendaient moins bien.

Le violet. Mélange de bleu et de rouge, cette couleur présente toutes sortes de nuances. Du mauve au pourpre intense, elle est celle qui favorise l'élévation de l'esprit. Le pourpre était la couleur des empereurs romains, il est aussi dans la religion chrétienne synonyme de foi. Couleur froide, il favorise l'inclinaison vers l'intellectualité. De tout temps, les hommes ont chanté les pouvoirs de l'améthyste.

Autres correspondances

À cette nomenclature de la symbolique des couleurs viennent se greffer de nombreuses autres correspondances, dont une faisant intervenir les signes du zodiaque et les planètes, et une autre* reliant couleurs et états d'âme ou sentiments (*référence : *Le livre des superstitions* d'Éloïse Mozzani, voir bibliographie).

Tableau de correspondances : signes du zodiaque, couleurs et planètes

Signe	Couleur	Planète
Bélier	rouge	Mars
Taureau	vert	Vénus
Gémeaux	gris	Mercure
Cancer	blanc	Lune
Lion	jaune	Soleil
Vierge	gris	Mercure
Balance	rose	Vénus
Scorpion	violet	Mars
Sagittaire	bleu	Jupiter
Capricorne	noir (marron)	Saturne
Verseau	noir (vert)	Saturne
Poissons	bleu	Jupiter

La couleur ne peut jouer son rôle que s'il s'agit de la couleur originelle de la pierre. Il faut mettre en garde le lecteur contre les pierres d'imitation ou les pierres synthétiques. Pourquoi? Il faut être net sur ce point, ces pierres n'ont aucun pouvoir, ni curatif ni magique. Il faut donc se méfier des gemmes d'imitation qui sont le plus souvent réalisées en verre ou même en plastique. Quant aux pierres synthétiques, il est très difficile de les déceler à l'œil nu, et il existe des pierres synthétiques imitant toutes les gemmes (les premiers diamants synthétiques ont vu le jour aux États-Unis en 1955), mais elles n'auront sur vous aucun effet.

Tableau de correspondances : couleurs et états d'âme

Couleur	États d'âme
Blanc	pureté, chasteté, innocence, joie
Bleu	sagesse, fidélité, paix
Jaune	noblesse, spiritualité, puissance
Noir	tristesse, deuil, dépassement de soi
Orangé	gaieté, joie, passion
Rose	affectivité, douceur, tendresse
Rouge	puissance, passion, ardeur, vitalité
Vert	santé, vigueur, sérénité
Violet	spiritualité, modestie

LA TAILLE

Le travail de la pierre comporte différentes opérations. En fait, la taille constitue l'étape finale. Avant d'y arriver, on doit procéder au façonnage et au clivage de la pierre.

Le façonnage consiste à transformer la pierre brute en pierre taillée. Le clivage, lui, a pour but de fendre la pierre (le diamant) en suivant le «fil naturel» de la gemme. Cette technique très ancienne servait à éliminer les imperfections de la pierre. Ensuite on passait au «facettage» et au polissage, deux opérations qui concouraient à la forme finale de la pierre, appelée taille.

La taille a donc pour objet de mettre en valeur la beauté d'une pierre qui, sans cela, passerait inaperçue. Elle fait avant tout ressortir l'éclat de la pierre, sa brillance et sa transparence en éliminant les imperfections. Cette opération est affaire d'art et met à contribution le savoir-faire des lapidaires. Imaginez tout le travail qui se cache derrière l'expression «les feux d'un diamant»; on parle d'au moins 146 facettes. Le mot «scintillement» fera plus précisément allusion aux feux d'un diamant en mouvement.

L'exemple du diamant montre bien toutes les différentes

formes de taille qui sont utilisées pour les autres pierres précieuses (voir le tableau ci-dessous). Outre la taille en cabochon, dans laquelle la pierre est polie, on trouve la taille à facettes (surtout applicable au diamant). La taille en brillant, avec ses 58 facettes répartissant de manière idéale la lumière, est de nos jours la plus répandue et la plus prisée du public.

Principales formes de taille des gemmes

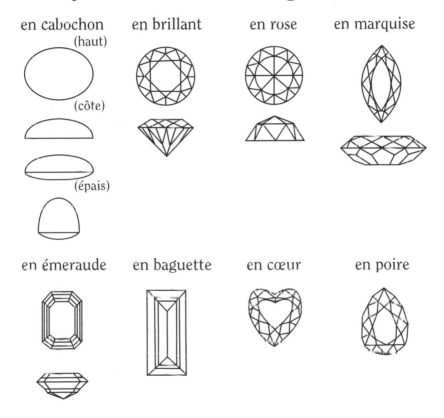

en cabochon (haut) (côte) (épais) en brillant en rose en marquise

en émeraude en baguette en cœur en poire

Notons que la pratique de la taille s'est modifiée au fil du temps. Au début, elle se résumait en un simple polissage et en une taille «en pointe naïve» qui consistait à polir les faces naturelles des cristaux avec des limes. Pour que la pierre conserve ses pouvoirs magiques, cette opération comportait ses mystères et ses pratiques secrètes. Ainsi les outils devaient être trempés dans le sang de certains animaux. Plusieurs traités de la Renaissance préconisaient de placer la lame servant à cliver les diamants dans du sang de bouc afin de durcir le métal et de conserver à la pierre ses effets magiques.

Le nombre de facettes n'était pas non plus choisi au hasard. Il s'agissait d'un nombre sacré qui était, lui aussi, pourvoyeur de magie. Il était extrêmement important de respecter ce savoir des chiffres sacrés, magiques, sinon la pierre aurait perdu de son pouvoir. Puis les Flamands, dont Louis de Berquem, et les Florentins ont mis au point une façon de tailler le diamant à 58 facettes, appelée taille «en brillant». La brillance d'un diamant est liée à la quantité de lumière qui entre par la table et qui se répercute sur ses facettes. On a donc cherché par tous les moyens à mettre en valeur par la taille cette lumière captivante, source d'énergie et de beauté de la pierre. On comprend mieux l'importance du travail du lapidaire qui, par son façonnage du cristal, doit mettre en valeur une matière naturelle unique en tenant compte de la lumière afin de lui donner feux, éclat et scintillement. Le temps où l'on privilégiait le poids de la gemme est bel et bien révolu.

LES PIERRES GRAVÉES

La glyptique est l'art de sculpter en relief (camée) ou de graver en creux certaines pierres comme l'améthyste, l'agate, la cornaline. Les pierres précieuses étant très difficiles à graver, elles se font d'autant plus rares. Contrairement à aujourd'hui où on pratique très peu cet art, on s'y adonnait couramment à une certaine époque, de l'Antiquité à la Renaissance. Ces gravures sur la pierre étaient sans aucun doute liées à la volonté de renforcer le pouvoir magique de la gemme. D'ailleurs, il s'agissait de représentations dotées, elles aussi, de forces occultes et bénéfiques. Ces pierres gravées étaient très recherchées par les particuliers, mais aussi par les princes. On pourrait peut-être même leur attribuer la naissance des sceaux par lesquels les puissants marquaient leur hégémonie. On raconte dans une légende que la reine Cléopâtre offrait des émeraudes marquées de son effigie à ses prétendants afin qu'ils ne l'oublient pas. Il y a quelques années, il m'a été donné de visiter dans la région de Naples des ateliers produisant des camées. L'art des artistes, le fruit de vieilles traditions, quel prodigieux concentré d'histoire et de modernité! La surface des pierres restituait d'anciens symboles : un aigle vous apportant la chance, tel autre animal la fidélité. De nos jours, faire graver ses initiales entrelacées sur une pierre favorisant l'amour est considéré comme une pratique renforçant les effets de la pierre.

UN PONT ENTRE SCIENCE ET MAGIE

Quelle est la nature des pouvoirs que les pierres exercent sur nous? Comment peut-on expliquer les effets curatifs et magiques qu'elles détiennent? Nous avons déjà vu que des éléments d'ordre scientifique, tenant à la composition des minéraux, tendent à expliquer leur rôle curatif. Selon le cas, certaines pierres contribuent à nous garder en bonne santé ou à nous guérir. Ainsi l'hématite et la magnétite contiennent toutes deux du fer en quantité non négligeable. À une certaine époque, l'hématite était réputée pour lutter contre les hémorragies. On la réduisait en poudre et on l'appliquait sur la plaie qui saignait. Or, ce traitement utilisé par les Anciens était fondé. Aujourd'hui encore, dans le cadre de la médecine, on sait que ce minéral contient des propriétés actives pour le sang.

Ces découvertes faites par les Anciens concernant les multiples propriétés des pierres sont toujours d'actualité et utilisées dans le cadre des médecines douces et naturelles. Ainsi l'homéopathie, médecine qui consiste à traiter un malade à l'aide de doses infinitésimales de substances, fait appel à la connaissance des minéraux. Comme on l'a vu précédemment, la cristallothérapie étudie les propriétés des cristaux et leur influence sur notre santé physique et mentale. Ce terme récent, lié au phénomène new age, recoupe un domaine que l'on appelait avant lithothérapie. Dans la lithothérapie (soin par les pierres), on se servait de la pierre dans son intégralité et on mesurait le rôle fondamental joué par la couleur. Le soin par les couleurs est bien connu et le traitement des maladies par cette voie porte le nom de chromothérapie. On utilise également la couleur en ergonomie afin d'améliorer le cadre de travail (le bleu clair pour créer un effet calmant, appelant la concentration d'esprit, l'orangé pour favoriser la communication) et on s'en sert désormais dans le milieu hospitalier. Une attirance plus forte vers une ou des couleurs répond à un même besoin que celui dicté par le corps en matière d'alimentation. Spontanément, une personne triste se tournera vers du jaune ou du orangé et repoussera le gris ou le noir. Inconsciemment, nous nous tournons vers ce qui nous est le plus bénéfique, nous allons vers l'harmonie de ce qui nous entoure. Il existe toutes sortes de méthodes de traitement par les couleurs dont l'objectif est de rétablir le fonctionnement normal de l'énergie. L'une d'entre elles consiste à neutraliser l'énergie défaillante par les rayonnements colorés de la pierre orientés en direction de l'organe souffrant. Mais comme on le décrit plus loin, cette thérapie doit être utilisée avec précaution et ne peut aucunement remplacer un traitement traditionnel en cas de maladie grave. Les pierres sont un des éléments de l'harmonie de l'univers, venues pour certains de la terre et pour d'autres du ciel, et elles sont porteuses d'énergie. On peut d'ailleurs dans cette thérapie exclure toute référence à l'ordre magique et rester dans des explications paramédicales liées aux médecines douces, orientales (basées sur la circulation de l'énergie tant physique que spirituelle) et, bien entendu, à la psychologie.

Les vibrations de la pierre auront une efficacité plus grande si nous sommes persuadés intimement de leur bienfondé, si nous y croyons et surtout si nous aimons les pierres. On arrive ici à un aspect fondamental du pouvoir des pierres qui est étroitement lié à la psychologie humaine. Qu'il soit dans sa caverne à l'époque néolithique ou aux prises avec la civilisation moderne, l'homme éprouve toujours le besoin d'être rassuré contre les forces mystérieuses et inconnues de l'univers. Alors il crée des objets comme les amulettes et talismans qu'il investit de pouvoirs surnaturels, magiques, auxquels il accorde un pouvoir de protection. Ainsi, si l'on croit que l'on va guérir de telle ou telle maladie et que tout au fond de son cœur on pense que la pierre peut aider dans cette voie, on se conditionne alors de manière positive à cet état. On sait tous aujourd'hui que le corps et l'esprit fonctionnent en osmose. Avec leurs pouvoirs curatifs, les pierres précieuses ont certes un rôle non négligeable à jouer.

Même si cette notion peut paraître au premier abord hasardeuse, parlons tout de même de l'aspect magique des pierres. Tout acte magique, quel qu'il soit, se définit par son résultat. Il ne s'explique pas par des causes raisonnables. Il relève pour celui qui le pratique de la manipulation de forces occultes dans des buts positifs ou négatifs. Comme nous le verrons quand nous aborderons la confection des amulettes et des talismans, il existe différentes formes de magie. La magie dont on se sert avec les pierres appartient à la magie naturelle. Elle consiste à se servir de moyens naturels pour prévoir l'avenir ou pour provoquer certains événements. Elle recouvre la magie blanche dans laquelle on invoque les forces bénéfiques. Il est possible en portant certaines pierres, comme l'oeil-de-tigre, de lutter contre les pratiques de la magie noire qui est l'invocation des puissances du Mal. Dans cette vision magique des pierres, on fait appel aux enseignements de l'astrologie. On perçoit l'univers comme un tout, où humains, animaux plantes et minéraux sont sous l'influence des planètes et en ressentent les influx positifs ou négatifs. Devenue le réceptacle privilégié de ces énergies invisibles mais bien réelles, on peut facilement concevoir que la pierre soit dotée de pouvoirs magiques.

CHAPITRE 2

La guérison par les pierres

2

Pour comprendre comment les pierres peuvent avoir une réelle influence sur notre santé, il faut se référer à des principes différents de ceux de la médecine traditionnelle occidentale. Se tourner plutôt vers une médecine qui traiterait surtout notre énergie vitale, où la maladie est considérée comme une interruption de la circulation de l'énergie ou un dysfonctionnement de cette dernière. On connaît bien désormais les traitements à base d'acupuncture, médecine chinoise datant de quatre mille ans. Elle repose sur l'existence de points et de méridiens reliés au principaux organes, dans lesquels circule une énergie que l'on va traiter par la pose d'aiguilles. Ces points d'énergie nous renvoient à la notion de chakras, dont le mot est issu de la philosophie indienne.

LES CHAKRAS

Mais que signifie ce terme? Pour bien en saisir le sens, il faut se placer dans une vision globale de l'univers, où l'énergie circule dans toutes les parties qui le forment. Ainsi Antoine Faivre, dans son ouvrage *L'ésotérisme* (voir bibliographie), distingue trois sortes de correspondances : entre les métaux (comprenant les minéraux), les planètes et le corps humain (c'est la base de l'astrologie); entre le monde naturel et les mondes invisibles (êtres spirituels, anges et Dieu); entre le cosmos et les textes révélés, notamment la Bible.

Établissant des correspondances et des interactions entre tous les composants de l'univers et donc entre l'homme et les minéraux, de nombreux auteurs se réfèrent à la philosophie indienne (et à son vocabulaire) pour montrer comment les cristaux agissent directement sur le corps humain; ce faisant, il importe de distinguer les trois termes suivants :

- L'aura (ou corps éthérique) correspond à une deuxième peau invisible qui enveloppe l'homme. Elle est sensible à toutes les manifestations d'énergie qui touchent le corps physique et reçoit de manière privilégiée les vibrations des cristaux.

- La prâna représente dans la philosophie indienne l'énergie vitale, solaire, qui nous pénètre et nous fait vivre en agissant sur nos chakras par l'intermédiaire de l'aura.

- Les chakras, littéralement centres de force en sanskrit, sont situés à la surface de l'aura. Il faut les imaginer comme de minuscules disques en rotation disposés tout le long de la colonne vertébrale. Il en existe sept principaux, qui sont eux-mêmes reliés à d'autres points moins importants. Chacun de ces sept centres est un rouage par lequel transite l'énergie vitale afin d'assurer un bon fonctionnement de notre psychisme et de notre corps. L'énergie vitale, la kundalini, part de la terre et circule des pieds vers le sommet de la tête et de ce sommet vers les pieds, symbole de notre enracinement.

Comment fonctionnent les chakras?

Chaque chakra correspond à un point précis du corps et il s'ouvre à toutes les vibrations venues du cosmos, on parle alors de cristallocosmie. Il y a un courant d'énergie qui vient du ciel et qui circule vers la terre (de haut en bas), qui renvoie, elle aussi, de l'énergie vers le ciel. En simplifiant, le chakra serait un point de rencontre entre ces deux types d'énergie qui l'alimenteraient et le transformeraient en un «moteur». Il faut aussi se souvenir de la composition de la lumière, qui est notre source d'énergie à tous. Cette lumière se décompose en sept rayons colorés (rappelant l'arc-en-ciel), que l'on associe aux sept chakras. Chaque chakra est alors relié à l'une des sept couleurs qui représentent chacune un type d'énergie et de niveau de conscience. Les sept couleurs sont : le rouge, l'orangé, le jaune, le vert, le bleu clair, le bleu foncé et le violet. Lorsque la circulation de notre énergie est perturbée, il faut traiter le chakra correspondant aux troubles et utiliser la pierre et la couleur qui peuvent être bénéfiques. On utilise ainsi conjointement la cristallothérapie (la guérison par les cristaux) et la chromothérapie (la guérison par les couleurs). Quand un de nos chakras «dysfonctionne» (voir le tableau qui suit), son relais énergie est bloqué et il n'émet plus sa couleur. Il faut alors le traiter avec la pierre qui rétablira l'équilibre au plan de cette couleur. Les cristaux et les couleurs concentrent des énergies si puissantes qu'ils permettent le déblocage de la partie souffrante. On remarquera également les correspondances des flux d'énergie entre les différents chakras et la progression qu'ils induisent au niveau spirituel : de l'enracinement sur terre à la conscience du Tout universel.

Dysfonctionnements possibles des chakras

Chakra	Dysfonctionnements
1er chakra	impression de jambes coupées, sensation de fatigue générale, maladies de la vessie et de la prostate
2e chakra	troubles de la sexualité, infections génitales, règles douloureuses, stérilité, tous les problèmes liés à l'abdomen
3e chakra	angoisse, anxiété, dépression, somatisation, maladies de l'estomac et de la rate, diabète
4e chakra	maladies du cœur et affections pulmonaires
5e chakra	maux de gorge et de dents, rhume chronique, état de stress
6e chakra	maladies des yeux, maux de tête
7e chakra	tous les symptômes relatifs au stress

Quels sont les sept chakras?

1er chakra : LE MULADHARA
Rôle : ce premier chakra est très important, il est porteur de l'énergie qui nous permet d'avoir les pieds bien posés sur la terre. Il est celui qui nous donne la force de grandir intérieurement, de maîtriser chaque jour la réalité et de la dépasser.

Tableau des sept chakras

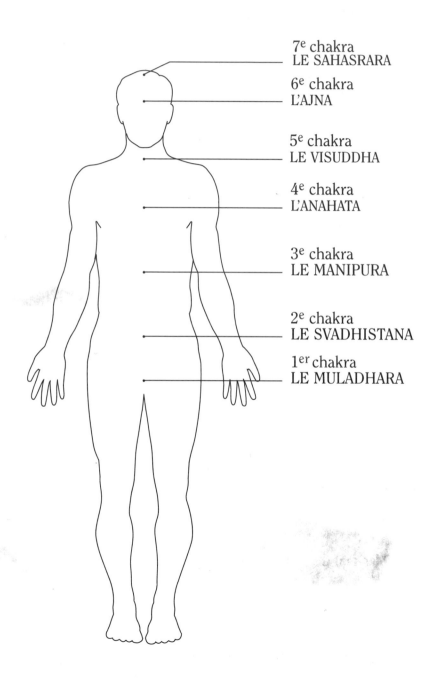

7e chakra
LE SAHASRARA

6e chakra
L'AJNA

5e chakra
LE VISUDDHA

4e chakra
L'ANAHATA

3e chakra
LE MANIPURA

2e chakra
LE SVADHISTANA

1er chakra
LE MULADHARA

Point physique : la pointe du sacrum (fonctionnement des reins et de la colonne vertébrale)
Glandes : les surrénales
Couleurs appropriées : le rouge et le noir
Pierres : rubis, jaspe rouge, grenat, onyx.

2e chakra : LE SVADHISTANA

Rôle : ce chakra est lié à notre énergie sexuelle, à notre système reproducteur. Il est fondamental, car il est la source de nos désirs, de notre vie intime, de nos élans vers les autres et de notre volonté de procréer. Il est également un partage entre soi et l'autre.
Point physique : l'appareil génital
Glandes : les ovaires et les testicules
Couleur appropriée : l'orangé
Pierres : calcite, cornaline, pierre de lune.

3e chakra : LE MANIPURA

Rôle : lié au système digestif, ce chakra est le centre des émotions et de la volonté. Il est déterminant pour l'équilibre de notre personnalité. De lui dépend notre capacité d'action.
Point physique : au niveau du diaphragme (plexus solaire)
Glandes : le pancréas et la rate
Couleur appropriée : le jaune.
Pierres : ambre, topaze, citrine.

4e chakra : L'ANAHATA

Rôle : ce chakra est le centre des émotions, de notre capacité à aimer. Inutile de dire à quel point il est essentiel que l'énergie qui l'anime passe bien. Il est la base de notre épanouissement.
Point physique : le cœur
Glande : le thymus
Couleur appropriée : le vert
Pierres : émeraude, jade, tourmaline verte.

5e chakra : LE VISUDDHA

Rôle : ce chakra préside à nos facultés intellectuelles, créatrices grâce aux mots. Par la voix, la parole, nous communiquons, nous exprimons nos émotions, nos sentiments, nos pensées les plus profondes.
Point physique : la gorge
Glandes : la thyroïde et la parathyroïde

Couleurs appropriées : le bleu clair et le turquoise
Pierres : saphir bleu, aigue-marine, turquoise.

6ᵉ chakra : L'AJNA

Rôle : ce chakra est associé à un troisième œil (au niveau
frontal) qui nous permet de faire preuve de clairvoyance, de
dons paranormaux. Il nous ouvre les voies de la véritable in-
tuition, de la sagesse, il donne accès à la connaissance totale.
Point physique : au centre du front (entre les sourcils)
Glande : l'hypophyse
Couleur appropriée : l'indigo
Pierres : lapis-lazuli, fluorine, saphir.

7ᵉ chakra : LE SAHASRARA

Rôle : ce chakra est celui qui véhicule l'énergie la plus
importante, qui nous donne notre dimension spirituelle, qui
nous relie à l'énergie divine. Il nous permet d'être en os-
mose avec le tout divin.
Point physique : le sommet du crâne
Glande : l'épiphyse
Couleurs appropriées : le violet et le blanc
Pierres : améthyste et cristal de roche.

Comment être son propre thérapeute?

Comme on l'a dit au début de ce chapitre, ce travail sur l'énergie qui nous anime ne doit pas se faire au détriment d'un
traitement de médecine traditionnelle en cas de maladie. Il
est un aspect des soins que l'on peut entreprendre en plus et
non pas «à la place de». Dans cet état d'esprit, il faut mettre
le plus d'atouts de son côté pour atteindre le but recherché
et se bien préparer matériellement et mentalement.

PRÉPARATION MATÉRIELLE

Il y a un certain nombre de règles à respecter, conseillées
par les thérapeutes les plus renommés. Chaque école,
chaque praticien agit selon le fruit de son expérience et
selon des techniques qui lui sont propres. La méthode que
nous vous livrons est simple et adaptée à qui veut travailler les
bienfaits des cristaux à un niveau d'initiation qui donnera envie
d'aller plus loin (voir sur ce point précis la bibliographie).

Selon l'objectif recherché, il faut réserver une ou plusieurs
pierres à cet usage, s'en servir, puis ensuite les ranger. Le

choix de la pierre doit être fait en fonction du chakra à traiter, mais avant d'entreprendre quoi que ce soit, vous devez ressentir une attirance, un élan de sympathie vers la gemme. Conseils pratiques : il est préférable d'acquérir une pierre qui n'a pas été taillée ou polie. Allez vers les pierres à l'état naturel qui ont conservé toutes leurs qualités vibratoires. Pour débuter, procurez-vous des pierres de coût peu onéreux, elles ont autant de qualités que des gemmes plus rares. Il faut aussi savoir que les effets de la pierre ne sont pas proportionnels à sa taille.

Avant d'utiliser une pierre, il faut la vider, la nettoyer des énergies qu'elle contient. Cette étape en est une de purification, d'éclaircissement. Il existe à ce propos différentes méthodes dont la plus simple est la suivante : placez la pierre dans un bol en terre ou en verre rempli d'eau durant 24 heures dans un endroit froid. Changez l'eau plusieurs fois. Pour les bijoux porteurs d'ondes, ils nécessitent un traitement spécifique : au bout de 4 jours, sortez-les de l'eau et placez-les dans un bol rempli de terre ou de gros sel marin, puis rincez-les à l'eau minérale et essuyez-les avec précaution.

On ne doit se saisir de la pierre qu'après s'être lavé les mains avec soin et les avoir séchées avec un tissu de fabrication naturelle. Le coton de couleur blanche est l'accessoire le mieux adapté. Vous sécherez la pierre avec lenteur et soin, toujours avec un tissu de fabrication naturelle. Quand vous aurez terminé le traitement, répétez la même opération avant de ranger la pierre.

PRÉPARATION MENTALE

Après cette opération, vous pouvez recharger la pierre grâce aux éléments naturels comme le soleil, la lune ou la terre, mais vous devez amplifier ses pouvoirs en communiant avec elle, en lui expliquant ce que vous attendez de son action. Il s'agit d'un travail de programmation, d'un échange énergétique entre la pierre et votre âme. Tout doit être en harmonie avec cette «rencontre».

La pièce où vous ferez votre traitement doit être propre, avoir été aérée, rangée, de façon à ressentir une impression de netteté, de calme. Vous pouvez ajouter un fond musical propice à la méditation, disposer des fleurs dans un vase, faire brûler de l'encens ou tout simplement allumer des bougies et fermer les rideaux pour vous isoler de l'extérieur.

Durant cette séance, vous ne devez pas être dérangé. Sensibilisez votre entourage à votre démarche, les bienfaits rejailliront sur lui aussi. Prévoyez entre 30 minutes (minimum) et 60 minutes (maximum), pas plus, car au-delà une concentration profonde devient difficile à maintenir.

Enfilez un vêtement fait de fibres naturelles (coton, laine, soie), de préférence blanc (ou de teinte claire), un vêtement dans lequel le corps se sent à l'aise. Ne portez pas de chaussures de manière à mieux travailler votre enracinement.

PRÉPARATION SPIRITUELLE
Il vous faut maintenant passer à la préparation spirituelle. Elle doit vous rendre sensible aux vibrations de la gemme afin de laisser ses influx vous habiter. Il faut que vous vous sentiez calme, apaisé.

Pour cela, faites un travail respiratoire en vous concentrant sur les deux mouvements de la respiration. Quand on expire, on chasse le gaz carbonique de ses poumons, on chasse aussi les mauvaises ondes, le négatif, les soucis. Quand on inspire, on remplit ses poumons d'air, d'énergie nouvelle. Il faut expirer et inspirer en partant non pas de la gorge, mais du ventre, du plus profond de soi possible. Levez la tête au moment de l'expiration afin d'éviter les blocages, si petits soient-ils. Expirez plus longtemps que vous n'inspirez, mais n'allez pas trop loin. Une hyperventilation trop longue peut entraîner des troubles. Contentez-vous de six ou sept expirations profondes. Relaxez également tout votre corps, laissez-vous aller à un état de bien-être corporel.

Quand votre souffle est régulier, calme, passez à la maîtrise de votre état émotionnel. Relaxez votre esprit, dirigez les images qui montent en vous. Imaginez que vos pieds touchent non pas le sol de votre demeure, mais la terre, notre mère nourricière. Imaginez que vous êtes dans un champ, au cœur de la nature, que vous êtes comme cet arbre aux profondes racines, que vous aimez cette terre. Alors vous sentirez monter en vous une force et vous saurez que vous êtes à l'unisson avec tous les éléments de l'univers. Choisissez votre lieu préféré, une plage, une forêt, un endroit où vous vous sentez heureux. Votre enracinement est maintenant réalisé.

Entrez ensuite dans le domaine de la visualisation positive, des influx bénéfiques que la couleur de la pierre vous renvoie. Il faut que votre sensibilité se laisse aller aux vibrations transmises par la pierre.

LE TRAITEMENT PAR LES CHAKRAS

Ce traitement consiste à s'exposer au rayonnement que les pierres diffusent. Comme il y a sept chakras, il est conseillé d'utiliser une série de sept pierres choisies en tenant compte de leur couleur et de la puissance de leurs effets pour que l'énergie circule harmonieusement dans le corps.

Tableau de correspondances : chakras, couleurs et pierres, effets sur l'organisme

Chakra	Couleur et pierres	Effets
1er chakra	rouge : hématite, grenat, jaspe rouge noir : onyx, jais	sur le sang
2e chakra	orangé : cornaline, calcite orange	sur le ventre
3e chakra	jaune : ambre, citrine	sur le système nerveux
4e chakra	vert : olivine, malachite, tourmaline verte	sur le système hépatique
5e chakra	bleu clair : calcédoine, aigue-marine, turquoise	sur le cœur, les poumons
6e chakra	bleu foncé : lapis-lazuli, oeil-de-faucon, sodalite	sur les yeux, les maux de tête
7e chakra	violet, blanc : quartz d'améthyste, cristal de roche	sur le sommeil, l'énergie

Comment procéder?

Les deux méthodes qui suivent sont celles utilisées par un thérapeute réputé en son domaine.

- Première méthode :

Prenez la pierre correspondant au chakra concerné dans votre main gauche et placez-la à environ 5 cm dudit chakra. Très «enraciné», concentré, gardez cette position durant 1 minute.

- Deuxième méthode :

Vous pouvez aussi vous allonger sur le sol, mais dans votre esprit cela doit être la terre. Disposez alors sur le chakra concerné la pierre correspondante. Pensez successivement à chacune des parties du corps traitées, imaginez l'énergie circulant de vos pieds au sommet de votre crâne en pensant aux bienfaits que la pierre va vous prodiguer.

Pour répondre à une maladie précise, il est toujours conseillé de porter durant quelques mois la pierre appropriée et de la recharger dès qu'on en sent le besoin. Pour ceux qui souhaitent en savoir plus sur les chakras, ils peuvent se reporter au livre de Janine Fontaine, *La médecine des chakras*, Éditions Robert Laffont, coll. pocket, 1993.

CHAPITRE 3

Les pierres et la méditation

3

Certaines pierres sont des aides efficaces pour ceux qui veulent développer leur capacité à méditer. Méditer relève d'un apprentissage parfois long, et il faut déjà maîtriser cette technique avant d'utiliser la pierre de son choix. La pierre est un support qui vous aidera dans votre méditation, mais elle est indépendante de l'acte de méditer. Il faut aussi se souvenir que méditer, c'est dissocier la pensée des sensations, séparer la personne de ses émotions. D'ailleurs dans la philosophie orientale, l'homme cherche par cette voie à atteindre son moi intérieur. Après une longue pratique, les sujets arrivent à un tel détachement qu'ils peuvent s'élever vers Dieu. Il est donc logique d'apprendre à méditer avant de se servir d'une pierre.

Comment pratiquer la méditation?

Elle se pratique au moment que vous jugez opportun, dans un endroit calme, aéré. Vous devez être de préférence assis, les pieds posés sur le sol, de manière à vous sentir, comme on l'a vu dans la médecine des chakras, enraciné, en osmose avec la terre. Vous devez respirer calmement par le ventre et sentir que votre souffle est régulier. Vos muscles doivent être détendus, vos yeux clos.

Comme toutes les pratiques de méditation l'indiquent, le plus difficile est de faire le vide en soi, de «se débarrasser» de ses pensées. Tous ceux qui commencent à méditer observent ce phénomène au début : un flot de pensées les assaillent. Il faut alors passer de l'une à l'autre patiemment; au bout de plusieurs séances, un état de détachement finit par s'installer. Il est ensuite plus facile de se concentrer sur l'objectif de la séance. Il n'y a pas de règles pour la durée d'une séance. Un quart d'heure pour débuter semble tout à fait correct. Ce qui importe, c'est la qualité et non la quantité. Vous pourrez par la suite augmenter graduellement votre temps de méditation.

Dans quel but méditer en utilisant une pierre?

La matière cristalline favorise, du fait de sa transparence, la venue d'images, de couleurs et de vibrations qui servent à guider la méditation. Il faut alors focaliser sur le cristal et commencer à méditer sur le sujet que l'on a choisi de programmer.

QUELLE PIERRE CHOISIR POUR MÉDITER?

Nous avons déjà abordé la question au début de ce livre. Les pierres transparentes sont en relation avec l'esprit, le spiriuel, alors que les pierres opaques le sont avec notre corps, la terre, le monde matériel. Plus la pierre est transparente, plus la lumière la traverse et plus cette pierre nous renvoie des vibrations énergétiques. Parmi les gemmes, on conseille le cristal de roche, qui est une des pierres favorisant la méditation, le quartz rose ou l'améthyste. Cette dernière est considérée comme la gemme de la spiritualité. Elle correspond au 7e chakra, qui est situé au sommet du crâne et qui canalise notre énergie spirituelle. Elle nous ouvre le chemin qui permet d'accéder à une conscience élargie. Pour ma part, je médite en utilisant le quartz rose. La couleur de cette gemme a un effet apaisant sur ma personne et me permet de me retirer en moi plus aisément, de trouver une forme d'harmonie intérieure. Je vous conseille ce type de quartz si vous commencez sur le chemin de la méditation, mais il faut savoir que la plupart des gens se servent du cristal de roche. Il faut parfois chercher avant de découvrir la pierre la mieux adaptée à notre personnalité.

MÉTHODE D'UTILISATION DES PIERRES

Afin de vous aider dans votre démarche, voici quelques conseils simples à appliquer. Pour des expériences plus approfondies, reportez-vous à des ouvrages spécialisés, tels que ceux cités dans la bibliographie.

Avant de commencer votre méditation, il faut la programmer. Dans une méditation, il faut être clair, positif, serein. Vous pouvez noter le thème de la séance, le but de votre méditation. On peut avoir un thème de méditation concernant les souvenirs d'enfance ou un autre orienté sur un manque d'énergie du moment.

1. En position assise, les pieds à plat sur le sol, posez la pierre face à vous. Si c'est un cristal de roche, la pointe doit être dirigée vers vous. Regardez la pierre et concentrez-vous uniquement sur elle. N'oubliez pas que la pierre est le support, le véhicule de votre méditation.
2. Vous pouvez aussi tenir une pierre dans votre main, de préférence la gauche, ou vous servir de deux cristaux dont vous orientez les pointes vers le sommet de votre tête.
3. En méditant, pensez que la pierre est comme un être vivant que vous aimez.
4. À la fin d'une séance, laissez la sérénité qui vous anime continuer à agir en vous. Ne terminez pas brutalement votre séance.

Le cristal de roche, le quartz et l'améthyste sont de magnifiques supports qui vous permettront de trouver une excellente qualité de méditation. En guise de conclusion, voici un très beau passage tiré de *Pierres* (voir bibliographie), de Roger Caillois, un recueil de textes poétiques dans lequel l'auteur décrit les relations qu'il entretient avec les pierres qu'il apprécie au plus haut point : «Entre la fixité de la pierre et l'effervescence mentale s'établit une sorte de courant où je trouve pour un moment mémorable, il est vrai, sagesse et réconfort. Pour un peu, j'y verrais le germe possible d'une espèce inédite et paradoxale de mystique.»

CHAPITRE 4

Les pierres
et notre épanouissement

4

Les pouvoirs thérapeutiques et magiques de chaque pierre sont décrits dans le répertoire, auquel je vous conseille de vous reporter (chapitre 11). Nous nous limiterons ici à quelques thèmes particuliers en indiquant les gemmes qui conviennent le mieux pour chacun d'entre eux.

RÉUSSITE, RICHESSE ET CHANCE
Les pierres et la réussite

Certaines pierres ont la réputation de porter chance en affaires. En Chine, encore de nos jours, on serre dans sa main ou l'on glisse dans sa poche un petit morceau de **jade** pour favoriser les négociations commerciales. Le port d'une **chrysocolle** d'une splendide couleur bleue est recommandé dans le monde des affaires. Depuis l'Antiquité, cette gemme est associée aux rentrées d'argent. Une pierre protège plus particulièrement les femmes d'affaires, c'est la **chrysolithe**. Le **diamant**, qui est un catalyseur de forces bénéfiques, accorde, quant à lui, une protection contre les pertes d'argent, les mauvais placements et vous préserve de l'influence de mauvais associés.

D'autres gemmes, comme un **béryl** aux reflets dorés ou une **calcédoine**, agissent efficacement lors d'un procès, au point de vous le faire gagner.

L'olivine, un péridot d'une variété verdâtre, vous assure une protection contre les malversations et le vol.

Les pierres et la richesse matérielle

Certaines gemmes sont plus particulièrement identifiées à la richesse matérielle, entre autres le **jade**, que l'on vient de citer, et l'**œil-de-chat**, très prisé en Inde où il est considéré comme un porte-bonheur attirant sur celui ou celle qui le porte l'argent et l'aisance. Un **saphir bleu foncé** est aussi un excellent talisman dans le domaine financier. L'émeraude, qui dans la civilisation romaine était considérée comme la pierre protectrice du commerce, est, quant à elle, reconnue pour ouvrir la voie de la fortune.

Les pierres et la chance

Presque toutes les pierres portent chance dans un domaine ou dans un autre. Afin d'en savoir un peu plus, référez-vous au répertoire qui énumère les pouvoirs magiques des principales pierres (chapitre 11). Nous nous limiterons ici à deux gemmes dont l'efficacité est exceptionnelle. L'une, dont le pouvoir fut vénéré dès l'Égypte ancienne, possède cette vertu au plus haut point, il s'agit de la merveilleuse **turquoise**. Si vous portez une turquoise, vous aurez de la chance dans tous les domaines de la vie. L'autre est l'ambre, qui n'est pas considéré comme une véritable pierre précieuse, mais qui est pourtant le dépositaire de nombreux pouvoirs magiques, dont celui d'attirer la chance.

POUR LES FEMMES

Certaines pierres peuvent influencer positivement les grandes étapes qui marquent la vie d'une femme (fécondité, accouchement, troubles menstruels, plaisir, amour, mariage, etc.). Ces pierres sont celles que les Anciens conseillaient, et de leur sagesse nous pouvons sans doute tirer profit. Nous avons relevé pour chaque situation la ou les pierres que nous jugeons les plus appropriées.

Contraception : le **lapis-lazuli** aurait des vertus contraceptives, il éviterait de devenir enceinte.

Fécondité : les coutumes babyloniennes nous enseignent que la **pierre de lune** favorisait la conception en raison de ses influx apaisants qui permettaient à la femme de devenir enceinte. Il fallait conserver cette pierre quelques mois, puis la laisser quand on avait l'impression que son action déclinait. De nos jours, les femmes d'Asie portent des **perles**, car elles savent qu'elles attirent la fécondité. On accorde aussi ce pouvoir à la **malachite** et à l'**agate**.

Stérilité : choisissez une **topaze** d'un beau jaune, une parcelle de soleil, et laissez ses effets se répandre en vous. Autrefois, elle était réputée pour vaincre la stérilité. On peut aussi se procurer une **cornaline** et l'appliquer sur le nombril ou près de la zone pelvienne.

Grossesse : en Égypte, l'**émeraude** était dédiée à Sérapis, qui présidait à l'enfantement. Une belle émeraude assurera votre protection et celle de votre enfant durant tout le temps de la grossesse. La **chrysoprase** exerce, elle aussi, une influence bénéfique, alors qu'un **rubis** protège des fausses couches. Si vous avez des moments de dépression, optez pour une **agate mousse**, qui transmet des influx calmants.

Accouchement : dans toutes les civilisations, de nombreuses pierres sont évoquées à ce sujet. La **malachite** facilite l'accouchement si, durant le travail, on en applique un petit morceau sur le ventre de la mère. De même, la **sardoine** et le **jaspe rouge** favorisent un accouchement rapide. Le jaspe rouge assure également une bonne lactation. Pour un accouchement heureux, serrez dans votre main un fragment de **chrysoprase**.

Naissance : un petit morceau de **turquoise** placé près du nouveau-né (sans qu'il y ait risque de blessure) embellira ses premiers jours; c'est aussi une protection contre d'éventuelles maladies.

Amour : un **diamant** est tout indiqué pour consolider un lien, pour le rendre indestructible, pour assurer fidélité et loyauté. Vous pouvez aussi choisir un **rubis**, symbole de l'amour ardent, pour donner à votre histoire des tonalités passionnées, un **saphir** pour renforcer les liens et un **corail rose** pour exciter le désir sexuel. Selon une légende, la pierre de prédilection des amoureux est l'**améthyste**. Saint Valentin, paraît-il, ne la quittait jamais.

Séduction : la personne qui trempe ses doigts dans de l'eau où a baigné une **magnétite** renforce son pouvoir de séduction. Mais une pierre exerce en ce domaine subtil une influence non négligeable, c'est le **quartz rose**. Il permet à celui ou à celle qui le porte de dégager une bonne estime de soi. C'est beaucoup plus facile d'attirer les autres quand on se sent bien dans sa peau.
Coup de foudre : le port d'une **chrysolithe** attire les coups de

foudre. À vous de décider ce que vous en ferez!

Sexualité : la **cornaline**, stimulant de l'activité sexuelle, permet l'épanouissement en ce domaine. Autrefois, l'**émeraude** et la **magnétite** (qui intensifie les élans physiques) étaient réputées pour leurs vertus aphrodisiaques. On peut aussi se procurer un **zircon jaune** ou une **labradorite,** très utile pour une vie sexuelle intense.

Fiançailles : pour cette occasion, choisissez une **aigue-marine.** Cette pierre favorise une union heureuse et fidèle. L'offrir pour un mariage décuple ses effets.

Fidélité : le **grenat** assure la fidélité en amour et crée des liens durables. Autrefois, les veuves le portaient comme preuve d'un amour que rien ne pouvait effacer.

Difficulté de couple : il faut que l'un et l'autre se procurent une **agate**. Cette pierre, dite «pierre de l'amour», aide à la résolution des conflits et apporte l'harmonie. Le **béryl** peut aussi vous aider à surmonter les désaccords au sein du couple.

POUR LES ENFANTS

Dans des cas particuliers, certaines pierres produisent un effet plus marqué sur les enfants. La pierre suggérée doit alors remplacer celle choisie en fonction du signe ou de l'ascendant. Il faut en règle générale éviter de porter plusieurs pierres en même temps, leurs effets n'étant pas tous compatibles.

Porte-bonheur : tout de suite après la naissance, suspendez près du berceau un morceau de **malachite** afin de repousser toutes les mauvaises vibrations. Mais le plus efficace est sûrement une petite **turquoise**, que les Égyptiens utilisaient comme porte-bonheur.

Protections : plusieurs pierres ont un effet protecteur sur les jeunes enfants. Pour la santé, l'**œil-de-chat** est recommandé. Pour une question d'équilibre psychique, optez pour les vertus d'une **calcédoine** ou d'un beau **quartz rose**. Pour les enfants manquant de confiance en eux, le **lapis-lazuli** est fortement suggéré. Les teintes calmantes d'une **turquoise** ou d'une **aventurine** sont un excellent choix pour tempérer l'agitation, la nervosité de certains enfants.

Études : à ce chapitre, on conseille une **améthyste**, car en plus de favoriser la concentration, elle a un effet stimulant sur les facultés intellectuelles; elle peut donc aider efficacement les enfants dans la poursuite d'études difficiles. Pour augmenter la concentration, allez vers une **topaze** ou une **citrine.**

Examens : le jour d'un examen, donnez à votre enfant un petit morceau d'**ambre** à garder précieusement dans sa poche, cela porte chance! S'il s'agit d'un examen oral, où éloquence et timidité sont en cause, choisissez plutôt une **chrysoprase** ou un morceau de **jade.**

POUR LES HOMMES

Contrairement à d'autres civilisations, le port de bijoux par les hommes est assez peu répandu dans notre société. Afin d'éviter les redites, nous invitons les lecteurs à se reporter au chapitre traitant des pierres et des signes du zodiaque (chapitre 7) afin de trouver la pierre correspondant le mieux à leur personnalité.

CHAPITRE 5

Les pierres et notre environnement

5

LES PRINCIPES DE BASE

Le choix d'une pierre doit être effectué en respectant quelques principes de base. Il faut bien entendu tenir compte de la grandeur de la pièce à assainir. Pour une surface assez vaste, vous pouvez disposer deux ou trois pierres en triangle, mais pas plus, car autrement leurs énergies s'annuleraient.

Vous devez également tenir compte de la taille de la pierre, qui doit être proportionnelle à l'espace désigné. Plus une pièce est petite, plus la dimension de la pierre doit être réduite; plus elle est vaste, plus la dimension de la pierre peut être imposante.

Vous devez aussi être bien conscient de votre objectif. Le but à atteindre concerne-t-il la recherche d'un effet apaisant ou d'une protection contre des ondes négatives? N'oubliez pas de prendre en considération le champ d'action précis de chaque pierre.

Afin d'obtenir les effets souhaités, tenez compte de certains détails matériels (comme la disposition du lit, la décoration) en préparant votre mise en place. Assurez-vous que l'harmonie règne.

UNE PIERRE POUR CHAQUE PIÈCE

Murs de fondation. Si vous construisez une maison, faites comme les Chinois, placez un morceau de **jade vert** dans les murs de fondation ou les principaux murs de soutien. Cela écarte la foudre, prévient des dommages causés par des tempêtes et empêche les effondrements. Le **spinelle** possède des vertus similaires; pour un usage efficace, il faut le mettre en contact avec les quatre coins des murs de la maison. De plus, il est recommandé pour chasser les vers et les termites.

Porte d'entrée. Dans le chambranle de la porte d'entrée de préférence, incrustez des morceaux de **turquoise** pour chasser toutes les vibrations négatives venues du dehors. Pour une action complète, vous pouvez également en insérer autour des fenêtres.

Entrée. Cette petite pièce est souvent essentielle, elle permet de se décharger de toutes les vibrations accumulées à l'extérieur. C'est un sas qui marque une coupure entre l'extérieur et l'intérieur. Elle doit donc être un espace protégé, assaini. Comme autrefois en Chine, placez-y un morceau d'**œil-de-tigre** afin d'empêcher le passage des ondes nuisibles. Vous pouvez aussi utiliser une **tourmaline** pour enlever toutes les vibrations électriques de l'atmosphère. Mais le plus efficace reste l'œil-de-tigre ou encore **l'œil-de-faucon.**

Salle de séjour et salon. Ces espaces sont ceux où la famille et les amis se réunissent, ce sont des lieux conviviaux où toutes les énergies se rencontrent. Il est donc utile de placer des pierres qui permettent une bonne communication dans un climat d'harmonie et de calme. Le choix de la couleur est déterminant. Il est préférable de s'orienter vers des teintes froides comme le bleu et le vert si la famille est sujette aux disputes. Pour créer un rayonnement apaisant, pour calmer l'atmosphère et envoyer des influx positifs aux personnes présentes, choisissez une **tourmaline bleue** ou une **calcite verte.** Autrement, allez-y pour des pierres aux teintes chaudes, une **pierre de soleil** ou une **cornaline orangée,** symbole de la joie de vivre. Certaines personnes apprécient particulièrement la **citrine jaune doré,** qui est excellente pour le moral et qui neutralise les ondes négatives.

Chambre des enfants. Faites votre choix parmi les pierres qui favorisent une enfance heureuse et un épanouissement psychique. Un petit bloc de **quartz rose** donne de bons influx pour une enfance sereine. Une pierre de couleur verte, comme une **tourmaline,** convient également.

Chambre à coucher. Il faut avant tout une pierre qui favorise le calme et le sommeil tout en permettant un accomplissement dans le domaine amoureux. Pour jouer le double rôle de muse et de protectrice du sommeil, une **pierre de lune** aux reflets nacrés, considérée depuis toujours comme la pierre de l'amour, est tout indiquée.

L'ENTRETIEN

Il faut prendre soin de vos pierres si vous voulez les garder actives. Certaines nécessitent un entretien particulier, mais bon nombre d'entre elles requièrent un traitement fort simple. On conseille de dépoussiérer régulièrement les pierres tendres et de laver ou tremper la plupart des autres dans de l'eau minérale tous les huit jours.

CHAPITRE 6

Les pierres et la radiesthésie

6

Le terme radiesthésie vient du mot latin *radius* (rayon) et du mot grec *aïsthêsis* (sensation). La radiesthésie se définit comme une méthode de détection fondée sur la sensibilité, sur la réceptivité particulière à certaines radiations connues ou inconnues. L'instrument du radiesthésiste est le pendule. D'un point de vue scientifique, on appelle pendule un solide pesant soumis à une liaison rotoïde ou cylindrique par rapport à un repère de référence quelconque; pour nous, le solide prendra la forme d'un fragment de pierre ou d'un morceau de métal. En effet, la pierre est un amplificateur, un récepteur de vibrations qui peut accentuer le pouvoir du pendule. Nous allons donc nous intéresser tout particulièrement au pendule réalisé avec un cristal de roche. Rappelons que l'utilisation du pendule est reliée aux phénomènes paranormaux.

LE PENDULE

Avec un pendule, vous êtes à l'écoute des vibrations du cosmos. Le pendule est un objet unique qui doit être en harmonie avec votre personne. Il est préférable d'en essayer plusieurs et de choisir celui pour lequel on éprouve une attirance spontanée. Pour une plus grande osmose, vous pouvez aussi opter pour la pierre correspondant à votre signe zodiacal (voir chapitre 7).

Avant de l'utiliser, il faut enlever tous vos bijoux, vous laver les mains et vous installer dans un endroit calme.

Il est ensuite nécessaire de déterminer un code pour interpréter les mouvements de votre pendule. Ce code peut varier d'une personne à l'autre. Ainsi une oscillation dans le sens des aiguilles d'une montre peut signifier pour vous un oui et une oscillation dans le sens contraire un non. Mais une autre personne pourrait très bien décider de prendre comme point de référence des mouvements verticaux ou horizontaux. Il faut toutefois savoir qu'une fois le code mis au point, il ne faut plus le changer.

LE QUESTIONNEMENT

Faire preuve d'une très grande sincérité avec soi-même et ne poser que des questions simples qui impliquent vraiment une réponse sont deux conditions essentielles. De plus, il faut formuler des questions fermées, dont la réponse est oui ou non; les questions ouvertes, trop générales, donnent des réponses peu satisfaisantes.

On peut, par exemple, interroger son pendule sur les bijoux anciens que l'on possède. En effet, les bijoux de famille ont un «vécu» qui leur confère des vibrations particulières. Il peut être utile d'interroger son pendule sur les effets positifs ou négatifs de tel ou tel autre bijou que l'on aimerait porter. Si la réponse du pendule est négative, il faut renoncer à porter cette pierre ou la purifier et la décharger de toutes les ondes qui l'habitent, et recommencer le questionnement.

On peut aussi poser à son pendule des questions précises concernant tous les domaines de la vie, à savoir si telle journée sera favorable pour une transaction, si telle rencontre donnera les résultats escomptés. Il faut alors tenir le pendule entre le pouce et l'index, ne pas bouger, être très concentré sur la question et attendre l'oscillation. Un certain temps est nécessaire avant de maîtriser cette technique, mais il y a très vite des échanges qui se créent entre le pendule et son utilisateur. Ce qui fait qu'on y prend goût assez rapidement. Mais comme dans toutes les situations de la vie, il est plus difficile d'utiliser le pendule pour soi, faute de recul nécessaire.

LE PENDULE ET LES CHAKRAS

Avec un pendule et beaucoup de concentration, on peut arriver à déterminer si l'énergie qui passe dans les chakras circule bien, si elle n'est pas bloquée. Reportez-vous au passage sur les chakras (chapitre 2) et utilisez simultanément les deux techniques. En posant la question au pendule, il est plus facile de trouver la pierre susceptible de rétablir la circulation énergétique.

LES BOULES DE CRISTAL

Dans le domaine de la divination, qui est l'art de connaître ce qui est caché et de déterminer l'avenir, on a recours à des méthodes internes ou externes. Pour les méthodes externes, le voyant procède en consultant des éléments extérieurs à lui-même tels que dés, osselets, cartes ou viscères d'animaux. Dans les méthodes internes, on remarque un changement d'état de conscience chez le voyant, une modification venant de son intériorité, de ses dons paranormaux favorisés par tel ou tel support.

Cette vision dans le cristal est assez semblable à celle effectuée à la surface d'un miroir (la catoptromancie). Ces deux modes furent à l'honneur durant l'Antiquité et le Moyen Âge. Il est même fait allusion à cette pratique dans plusieurs documents du procès de Jeanne d'Arc, que l'on accusait de sorcellerie. Puis la boule de cristal, réalisée dans du cristal mais aussi dans du béryl ou de la pierre de lune, a occupé pendant la Renaissance une place privilégiée. Durant cette période, elle devint le support préféré des voyants et des magiciens qui la faisaient façonner dans des formes parfois différentes de celle d'une sphère. Ainsi Catherine de Médicis (1519-1589), surnommée «la reine noire», ne décidait rien sans avoir consulté son célèbre voyant florentin Cosimo Ruggieri, à qui la rumeur de l'époque attribuait plusieurs boules de cristal qu'il ne quittait jamais. Plus tard, un autre célèbre personnage de l'occultisme, Cagliostro, aurait fait voir à Marie Antoinette, dans l'eau d'une carafe ou dans une boule de cristal, selon les chroniqueurs du temps, l'image d'une guillotine.

Au cours des siècles, la boule de cristal a été associée à l'activité des voyants et, malgré le monde rationnel dans lequel nous vivons, elle conserve encore aujourd'hui un pouvoir enviable. Elle favorise la méditation, les flashs prémonitoires, la télépathie. Je pense à cette voyante anglaise, remerciée par Scotland Yard après 22 ans de loyaux services, qui a facilité la résolution de plusieurs affaires criminelles. Elle a ainsi «vu» la voiture du meurtrier d'une vieille dame. Grâce à sa description faisant état du modèle et de la couleur du véhicule, une Ford Cortina rouge avec un toit rouillé, le coupable fut rapidement identifié et arrêté. Sans posséder une telle faculté de perception, il est possible de «voir» dans une boule de cristal.

Les pierres
Les pierres et
les vertus thérapeutiques

Les préalables

Il faut d'abord choisir une boule en véritable cristal, sans aucune imperfection. Les imitations en verre et en matière plastique transparente sont à proscrire. Seules la pureté et la lumière brillante du cristal de roche conviennent. Il est aussi conseillé d'acheter une boule de cristal dont le socle est fait d'un matériau naturel. Lorsque vous ne l'utilisez pas, enveloppez-la soigneusement dans un linge noir, de préférence en soie.

Cette gemme est comme le diamant, elle ne peut être utilisée que par une personne dont l'âme et l'esprit sont épris de beauté intérieure, et que dans des buts nobles.

Comme pour l'utilisation du pendule, se laisser aller aux images renvoyées par une boule de cristal demande un certain apprentissage. Il faut en quelque sorte «s'entraîner» suffisamment longtemps pour obtenir un résultat satisfaisant. J'ai moi-même expérimenté cette méthode dont les principes m'ont été confiés par un voyant reconnu dans son art.

Ne vous lancez pas aveuglément ou impulsivement. Évitez les jours où vous êtes stressé, mécontent. Attendez plutôt que le désir se manifeste vraiment. Quand vous serez prêt, choisissez un endroit calme dans votre lieu d'habitation.

Vous devez considérer la boule de cristal comme une partie de vous-même, avec laquelle vous entrez en communication. C'est très difficile d'y arriver au début. Placez-vous en situation d'osmose, comme si vous étiez à l'intérieur du support devenu une part de vous-même.

Souvenez-vous que dans la tradition ésotérique, c'est la pensée qui forme et ordonne la matière. Il vous faut donc peu à peu donner réalité à vos pensées, les visualiser de manière positive. Ainsi si vous pensez à un bateau, visualisez-le dans la boule de cristal. Le bateau se met alors à évoluer dans un paysage que vous n'imaginiez pas quelques minutes auparavant. Il y a des couleurs et le bruit de la mer. Un film se déroule et quand il s'interrompt, vous vous sentez «vidé». Si vous êtes intéressé par ce sujet, je vous conseille de consulter les nombreux livres d'initiation à la voyance.

Lire dans une boule de cristal permet de développer un potentiel inexploité de dons extrasensoriels, une force de concentration. Pour conclure, voici un extrait du *Livre des superstitions* (voir bibliographie) dans lequel est cité un texte de Pierre La Greugne, tiré de son ouvrage *Les Vrais Secrets de sorcellerie* (Le Cannet Rocheville, Éditions de l'Olivier d'argent, 1983), qui explique comment se servir pour la première fois de la boule de voyance que l'on vient d'acquérir : «Tout d'abord prenez un morceau de tissu noir pour couvrir votre table de travail; vous pouvez aussi la peindre. Dessinez à la peinture sur votre table un triangle d'environ 30 centimètres de côté. Ce triangle est un très ancien symbole magique qui représente la matérialisation de la forme à partir du chaos (...). Pendant que vous tracez votre triangle, répétez l'incantation qui matérialise en quelque sorte l'intention profonde qui vous anime : "Bénie, sois-tu, boule magique qui me fera découvrir l'avenir(...)".»

CHAPITRE 7

Les pierres, les planètes et les signes du zodiaque

7

Comme nous, la pierre reçoit et subit les influences positives ou négatives des planètes. Et au cours du temps, selon les civilisations, on a étudié cette influence des astres sur les personnes, les animaux, les végétaux et les minéraux. Ainsi l'astrologie, selon Robert Fludd, astrologue du XVIe siècle, étudie «l'influence des divers cieux sur les éléments et l'influence de ces éléments sur les choses terrestres». De nos jours, l'astrologie, les signes du zodiaque sont bien connus du public et la question qui se pose alors est la suivante : «Moi qui suis du signe du Sagittaire, quelles sont les pierres qui correspondent le mieux à ma personnalité et qui auront une influence positive sur mon psychisme, sur mon corps et sur ma vie?»

On peut se référer à la tradition astrologique ancienne (Kircher, Cornelius Agrippa, Fludd) et étudier les enseignements qu'elle nous livre pour obtenir un début de réponse. Bon nombre de ses découvertes servent de référence à l'astrologue moderne, le point essentiel résidant dans l'influence que les planètes exercent sur chaque signe du zodiaque. Certaines planètes sont considérées comme bénéfiques ou maléfiques selon le signe dans lequel elles transitent. Puis cette influence des corps astraux s'étend au règne animal, végétal et minéral. On entre alors dans l'étude des correspondances que la tradition a établies et qui sont la quintessence du savoir des Anciens. On comprend à quel point il est important pour chacun de nous de connaître les planètes qui ont présidé à notre naissance pour déterminer notre appartenance à un des douze signes du zodiaque. Signe placé sous l'égide d'une planète qui y a élu domicile et qui subit ensuite les influences négatives ou positives des différentes planètes qui y transitent. On trouve de nombreux tableaux de correspondances, variant selon les époques et les auteurs, entre signes zodiacaux, planètes, parties du corps, plantes et pierres. Le champ des correspondances peut aussi être complété par les jours, les mois les plus favorables. Interviennent également les parfums, les anges, etc.

LES PLANÈTES

Rappelons que le zodiaque (ou cercle de vie) est une zone circulaire, s'étendant d'environ 8° de latitude de part et d'autre de l'écliptique, dans laquelle se situent les trajectoires du Soleil, de la Lune et des cinq planètes (Mercure, Vénus, Mars, Jupiter et Saturne) du système solaire, sauf Pluton. Le Soleil y est au centre et suit une ligne idéale, nommée écliptique, qu'il parcourt en un an. Depuis l'Antiquité, ce cercle est ainsi partagé en 12 parties appelées signes du zodiaque (Bélier, Taureau, Gémeaux, Cancer, Lion, Vierge, Balance, Scorpion, Sagittaire, Capricorne, Verseau, Poissons).

Tout comme l'univers, formé de quatre éléments (feu-terre-air-eau) à partir desquels tout a été conçu, le zodiaque est divisé selon l'influence des quatre mêmes éléments.

Le feu
Les signes de feu, Bélier, Lion, Sagittaire sont en correspondance avec les caractéristiques d'énergie, de chaleur, de rayonnement.

La terre
Les signes de terre, Taureau, Vierge, Capricorne nous renvoient au concret, à la matière, à la réalisation.

L'air
Les signes d'air, Gémeaux, Balance, Verseau sont liés à la légèreté, à la communication, au contact.

L'eau
Les signes d'eau, Cancer, Scorpion, Poissons baignent dans l'émotion, l'imagination, la sensibilité.

Ainsi chacun des signes du zodiaque est dominé par une ou plusieurs planètes qui lui donnent ses caractéristiques particulières et lui dispensent des énergies spécifiques. Et ce sont ces mêmes planètes qui influent sur le monde minéral. Signes et gemmes sont donc sous l'influence des astres. On peut relier cette considération à une analyse qui prend plus en compte la nature même des minéraux. Et comme pour les signes du zodiaque, chaque pierre, on l'a vu dans les chapitres précédents, a une «personnalité», des effets qui lui sont propres.

Alors en se basant sur les traits les plus prononcés de chaque signe, on peut ainsi lui attribuer la pierre qui lui sied le mieux. On remarque que les correspondances établies entre les signes et les caractéristiques particulières des pierres recoupent les données de l'astrologie.

LES CORRESPONDANCES ENTRE PIERRES, SIGNES, PLANÈTES ET AUTRES VARIANTES

Passons maintenant à l'étude de chaque signe en rappelant ses principales caractéristiques, les influences planétaires qui le gouvernent, ses correspondances dans le monde des métaux, des parfums. Pour chacun, nous indiquerons quelle est la pierre la mieux adaptée, en ayant tenu compte de la tradition astrologique et des vertus propres à chaque gemme. Pour certaines personnes, le choix de la pierre ne corres-pondra pas à celle du signe, mais à celle de l'ascendant. Il faut de toute façon ressentir une profonde attirance pour la pierre choisie, puis, en la portant ou en méditant avec elle, éprouver pour cette dernière de l'amour.

BÉLIER
21 mars au 20 avril
JE SUIS
Planète : Mars
Signe masculin conçu en Cancer, le Bélier est un signe de feu dont les mots clefs sont : force, action, énergie, impulsion. Le Bélier est surtout gouverné par sa tête. Sa puissance réside dans son besoin d'activités indépendantes, dans lesquelles il peut exercer son esprit d'initiative et son goût de l'action. Il est capable de travailler longtemps. C'est un instinctif qui a confiance en lui et qui agit rapidement. Il est passionné en amour et fidèle dans ses choix. Il est capable d'agressivité, de violence qu'il peut retourner contre lui-même (Van Gogh se coupant l'oreille). Il est sujet à la jalousie, à la méfiance à l'égard d'autrui. Il ne réfléchit pas assez aux conséquences de ses actes et il manque parfois de

sensibilité et de diplomatie envers les autres.

Correspondance minérale : fer

Couleur : rouge

Pierre d'élection : RUBIS. La pierre qui est le plus en harmonie avec le Bélier est sans conteste le rubis. Elle est la pierre la plus proche de sa personnalité; on peut aussi y adjoindre le grenat, la cornaline, la sanguine. Toutes les gemmes de couleur rouge permettront à un Bélier d'exprimer tout le potentiel de son être.

Santé : le Bélier est sujet aux refroidissements, on lui conseille donc le port d'une agate ou d'une aigue-marine pour les maux de gorge, la fièvre. Comme il est aussi sujet à des troubles digestifs et gastriques, on lui recommande l'ambre, qui éloigne aussi les maladies infectieuses. Pour atténuer les failles de sa personnalité (impulsivité, inconstance, manque de réflexion), une améthyste l'incitera à développer ses facultés mentales, sa spiritualité, alors qu'un saphir bleu aura des effets apaisants.

Parfums : absinthe, basilic, poivre

Plantes : houx, primevère, lavande

Les pierres du Bélier : rubis, grenat, jaspe rouge, cornaline, améthyste.

TAUREAU
21 avril au 20 mai
J'AI

Planète : Vénus

Signe féminin conçu en Lion, le Taureau est un signe de terre dont les mots clefs sont : possession, matérialité, sensualité, volonté. Dans l'homme zodiacal, le Taureau est gouverné par la gorge et le cou. Ses atouts sont le sens des réalités, une grande persévérance et la recherche d'une stabilité matérielle et affective. Dans la vie professionnelle, c'est un battant qui apprécie les réalisations concrètes et durables. C'est un travailleur acharné. Il souhaite une vie calme avec des repères sûrs. Il est séducteur, raffiné, et il sait profiter des plaisirs de la vie. En amour, il est entier, possessif et rancunier. Ses failles : il accorde parfois trop d'importance au côté matériel de la vie. Il lui arrive aussi d'être entêté et de piquer de terribles colères.

Correspondance minérale : cuivre

Couleur : vert

Pierre d'élection : ÉMERAUDE. Elle est celle qui convient le mieux à sa personnalité. Par sa couleur, elle symbolise la nature, le printemps et la renaissance. Elle aidera les natifs du Taureau dans leur recherche d'une vie harmonieuse et calme, et leur apportera de nombreux bienfaits.

Santé : le Taureau doit protéger sa gorge, son cou, sa nuque. Contre le mal de gorge, l'angine, on peut lui conseiller le port d'un œil-de-chat, d'une agate. D'autres pierres comme le saphir et la cornaline lui seront également bénéfiques, car elles favorisent la chance et le bonheur.

Parfums : mélisse, gingembre, rose

Plante : lilas

Les pierres du Taureau : émeraude, saphir, cornaline.

GÉMEAUX
21 mai au 21 juin
JE PENSE

Planète : Mercure

Signe masculin conçu en Vierge, le Gémeaux est un signe d'air dont les mots clefs sont : mouvement, dualité, cérébralité, faculté d'adaptation. Le Gémeaux est gouverné par les poumons, les bras, les épaules, l'appareil respiratoire et le système nerveux. Il est cérébral, il comprend vite les situations et sait y faire face. Il a des capacités d'adaptation étonnantes, un bon sens des affaires et un goût pour la réussite financière dans le domaine professionnel. C'est une personnalité toujours en mouvement, qui peut faire preuve d'instabilité. Un peu touche-à-tout, dispersé dans ses centres d'intérêts, il va de l'un à l'autre. Il est généralement très communicatif et chaleureux, et il aime les contacts humains. En amour, il a un peu de mal à se fixer, mais quand il aime, c'est avec sincérité.

Correspondance minérale : argent

Couleurs : orange clair, jaune gris

Pierre d'élection : CORNALINE ORANGÉE. Cette pierre appartient à la famille des agates. Elle sera donc un facteur de calme et de développement harmonieux pour sa personnalité.

Santé : les Gémeaux peuvent porter une topaze, qui les protégera des affections respiratoires, et une améthyste, qui aura des effets relaxants.

Parfums : vanille, acacia, menthe

Plantes : chèvrefeuille, verveine

Les pierres du Gémeaux : cornaline, calcédoine, topaze, améthyste.

CANCER
22 juin au 22 juillet
JE SENS
Planète : Lune
Signe féminin conçu en Bélier, le Cancer est un signe d'eau dont les mots clefs sont : sensibilité, créativité, intuition et intériorité. Dans la représentation de l'homme zodiacal, le Cancer est gouverné par la poitrine, l'estomac. C'est un être hypersensible, attaché à son enfance. Il est très intuitif, créatif grâce à sa grande sensibilité artistique. Il tient au confort et à une certaine sécurité matérielle. Dans le cadre professionnel, il recherche les contacts avec les autres et aime les professions où l'on peut donner à autrui. Il est assez introverti, nerveux, inquiet. Parfois timide, il a besoin d'être rassuré, surtout dans le domaine des sentiments.
Correspondances minérales : argent, platine
Couleurs : blanc bleuté
Pierre d'élection : CRISTAL DE ROCHE. Cette gemme donnera de la force mentale à ce signe d'une trop grande fragilité. Le port d'une émeraude aura, quant à lui, un effet apaisant sur son hypersensibilité, alors qu'une opale lui portera chance.
Santé : pour les troubles gastriques, on lui recommande l'ambre. Comme puissant talisman de chance et bonheur, on lui conseille le cristal de roche.
Parfums : santal, tilleul, ambre
Plante : bouleau
Les pierres du Cancer : cristal de roche, émeraude, ambre, opale aux irisations bleutées.

LION
23 juillet au 22 août
JE RÈGNE
Planète : Soleil
Signe masculin conçu en Scorpion, le Lion est un signe de feu dont les mots clefs sont : puissance, rayonnement, organisation et générosité. Il est gouverné par le dos et le cœur. Le Lion a une forte personnalité, il est dynamique, énergique et audacieux. Il sait faire preuve d'humour et aime plaire et séduire. Dans le monde professionnel, il possède une grande capacité de travail, il aime s'associer avec des amis. Il est souvent attiré par le domaine artistique. C'est un bon entrepreneur et un excellent organisateur. Il

est aussi nerveux, stressé. Ses points faibles : il est parfois un peu autoritaire et entêté dans ses opinions.

Correspondance minérale : or
Couleur : jaune
Pierre d'élection : TOPAZE JAUNE D'OR. Cette pierre mettra en valeur la forte personnalité des Lions. Comme une parcelle d'énergie solaire, elle rendra les natifs de ce signe encore plus positifs, pleins de vitalité. Pour d'autres effets bénéfiques : le diamant et la chrysolithe.
Santé : le port d'une améthyste aura une influence positive sur le stress.
Parfums : angélique, baume, cyclamen
Plante : héliotrope
Les pierres du Lion : topaze, diamant, chrysolithe.

VIERGE
23 août au 22 septembre
J'ANALYSE
Planète : Mercure
Signe féminin conçu en Sagittaire, la Vierge est un signe de terre dont les mots clefs sont : sens de l'analyse, esprit critique, raison et fantaisie. Ce signe est gouverné par l'intestin, l'abdomen. La personnalité de la Vierge se caractérise par la discrétion et la réserve, qui cachent une grande sensibilité et un désir d'harmonie. Elle est altruiste et a le sens de l'ordre. Le monde des idées la fascine. Elle est attachée au quotidien et a besoin de se sentir rassurée. En famille, elle sait rester discrète et être présente quand il le faut. Dans le domaine professionnel, elle recherche les professions où elle peut être utile aux autres. On emploie parfois l'expression «Vierge folle» en raison du double aspect de sa personnalité; son attitude réservée cache en effet une personnalité pleine de fantaisie. Ses failles sont liées à sa difficulté de communiquer réellement avec les autres, à sa susceptibilité.
Correspondances minérales : nickel, mercure
Couleur : gris-vert
Pierre d'élection : JASPE VERT. Cette gemme est bénéfique au signe de la Vierge; elle aide à la maîtrise de son équilibre émotionnel. Un saphir lui apportera la joie de vivre, alors qu'une agate ou un diamant lui procurera chance et bonheur.
Santé : le port d'une pierre qui a une couleur revitalisante, une citrine ou un saphir jaune, donnera de l'énergie.
Parfums : gardénia, acacia

Plantes : jacinthe, valériane
Les pierres de la Vierge : jaspe, opale, perle.

BALANCE
23 septembre au 22 octobre
J'AIME
Planète : Vénus
Signe féminin conçu en Capricorne, la Balance est un signe d'air dont les mots clefs sont : sensibilité, séduction et goût de la fuite. Le signe est gouverné par les reins et la vessie. La Balance aime séduire; d'une nature très conviviale, elle est aussi sentimentale et rêveuse. Elle aime la famille et est très attachée à ses racines. Dans sa vie professionnelle, elle est attirée par les métiers comportant une recherche intellectuelle ou artistique dans le domaine musical. Sa relation à l'argent n'est pas toujours simple, mais elle s'améliore au fil du temps. La Balance est souvent insatisfaite d'elle-même et elle a parfois du mal à affronter les difficultés. Points faibles : hypersensibilité, doute et angoisse.
Correspondances minérales : platine, gypse
Couleur : rose
Pierre d'élection : BÉRYL ROSE. La pierre qui convient le mieux à la personnalité de la Balance, qui est en harmonie avec sa nature sensible et artistique, est un béryl rose ou un quartz rose.
Santé : pour se prémunir contre les affections rénales, on conseille un rubis ou l'ambre; pour se sentir plus calme une turquoise. Pour un talisman, on recommande le diamant.
Parfums : gardénia, acacia, millefeuille
Plante : verveine
Les pierres de la Balance : béryl rose, quartz, ambre, turquoise.

SCORPION
23 octobre au 21 novembre
JE DÉSIRE
Planètes : Mars et Pluton
Signe féminin conçu en Verseau, le Scorpion est un signe d'eau dont les mots clefs sont : pulsion, sensibilité exacerbée, violence et sexualité. Il est gouverné par les organes génitaux. Il se laisse le plus souvent guider par son instinct, il est aussi très intuitif. S'il extériorise ce qu'il ressent, il peut alors faire preuve d'agressivité, s'il l'intériorise, d'autodestruction. En

amour, il est passionné, très attaché au caractère sacré des sentiments. Il ressent un attrait pour le mysticisme. Le Scorpion est capable de déployer une grande énergie dans ses activités. Sur le plan professionnel, il est souvent attiré par les métiers nécessitant des études, des recherches comportant une part de difficulté. Il aime relever des défis. C'est un battant dont il faut se méfier. Ses failles : son côté angoissé, son stress.

Correspondances minérales : fer, acier, lave

Couleurs : rouge sombre, brun

Pierre d'élection : GRENAT. Cette belle pierre rouge, dédiée à Mars, est celle qui convient le mieux à un Scorpion. Elle lui apportera des influx positifs d'énergie, du courage. C'est également un talisman efficace. De plus, dans le domaine sentimental, elle symbolise l'amour et la fidélité. Pour les femmes, on conseille le rubis. Pour remédier à son côté angoissé, le Scorpion pourra porter une cornaline, dont les influx sont paix et joie. Sa belle couleur orange est en elle-même une incitation à la joie de vivre. Une aigue-marine est aussi bénéfique pour les natifs de ce signe.

Santé : le choix d'une gemme qui aura une influence sur la nervosité, une émeraude ou une aigue-marine, est indiqué.

Parfums : essences de citronnelle, de tubéreuse, de genêt

Plante : bruyère

Les pierres du Scorpion : grenat, rubis, cornaline, aigue-marine.

SAGITTAIRE

22 novembre au 21 décembre

JE PENSE

Planète : Jupiter

Signe masculin conçu en Poissons, le Sagittaire est un signe de feu dont les mots clefs sont : volonté, enthousiasme, idéalisme et goût de l'aventure. Il est gouverné par les hanches et les cuisses. À la recherche d'un idéal, exigeant envers lui-même et les autres, le Sagittaire est prêt à se battre pour ses idées. En amour, il est passionné, mais aussi impulsif et possessif. Il a toujours besoin d'être rassuré. Dans son travail, il aime communiquer, travailler de manière indépendante. Il supporte assez mal d'être limité. Ses failles : il manque parfois de persévérance et de discernement, il peut être instable et nerveux.

Correspondance minérale : étain

Couleur : bleu

Pierre d'élection : LAPIS-LAZULI. Cette pierre est idéale en raison des nombreux influx positifs qu'elle dégage sur le plan émotionnel, confiance en soi, sérénité. Elle permettra au Sagittaire de mieux contrôler ses pulsions. On conseille aux natives de ce signe le choix d'un jaspe vert afin d'écarter une trop grande possessivité. La turquoise est également excellente pour ce signe. Enfin l'hyacinthe est un puissant talisman.

Santé : porter une améthyste aura des effets régulateurs sur l'appareil digestif et le système nerveux.

Parfums : amarante, freesia, calycanthe

Plante : violette

Les pierres du Sagittaire : lapis-lazuli, turquoise, jaspe vert, améthyste, hyacinthe.

CAPRICORNE
22 décembre au 19 janvier
JE RÉALISE

Planète : Saturne

Signe féminin conçu en Bélier, le Capricorne est un signe de terre dont les mots clefs sont : maturité, goût de l'effort, ambition et froideur. Dans l'homme zodiacal, il est gouverné par le genou et le squelette. Introverti, cérébral, il est doté d'une volonté étonnante pour atteindre les objectifs fixés, quel que soit le temps nécessaire. Sous une apparence neutre, le Capricorne cache une grande sensibilité et beaucoup de sincérité. En amour, il ne lui est pas facile d'exprimer ses sentiments. Il est doué pour l'amitié et garde ses amis longtemps. Sur le plan professionnel, il vise des postes de responsabilités à hauteur de ses ambitions. Il possède une grande capacité de travail et est très organisé. Ses failles : son manque de gaieté, son esprit de calcul, sa volonté de distance avec les autres.

Correspondance minérale : plomb

Couleurs : noir, gris foncé

Pierre d'élection : ONYX. Cette gemme est celle qui correspond le mieux à la personnalité du Capricorne. L'onyx lui permettra en effet de développer son charisme et lui conférera un réel magnétisme. Il permet aussi de lutter contre la dépression. Il faut à ce signe une pierre comme l'ambre, qui apporte la joie de vivre, qui facilite la communication avec les autres. Un talisman puissant serait un cristal de roche.

Santé : pour protéger ses membres et articulations, on

recommande au Capricorne le port d'une magnétite.
Parfums : narcisse, jacinthe, menthe
Plante : belladone
Les pierres du Capricorne : onyx, ambre, perle noire, cristal de roche.

VERSEAU
20 janvier au 18 février
JE SYMPATHISE
Planète : Uranus
Signe masculin conçu en Taureau, le Verseau est un signe d'air dont les mots clefs sont : altruisme, sens de l'adaptation, intuition. Il est gouverné par les chevilles et le système nerveux. Dotée d'une personnalité qui va de l'avant dans tous les domaines de la vie, il a horreur de tout ce qui stagne. Mais dans cette recherche, il fait parfois preuve d'un manque de réalisme. Il est charmant, à la fois indépendant et attaché à sa famille. En amour, il a un grand besoin affectif, il est sentimental et perfectionniste. Sur le plan professionnel, il aime les métiers qui bougent, les projets d'avant-garde, le partage des idées. Ses failles : il ne distingue pas toujours l'accessoire de l'essentiel, il manque de sens pratique, il a les nerfs à fleur de peau.
Correspondance minérale : plomb
Couleurs : violet, gris-bleu
Pierre d'élection : TOURMALINE. Particulièrement celle qui est bleue. Le cristal de roche, pierre d'Uranus, lui permettra, quant à lui, de développer son potentiel intellectuel, alors qu'un saphir l'incitera à modérer ses élans altruistes auxquels il donne souvent suite, parfois à son détriment. L'aventurine verte aura des effets apaisants, alors que l'amazonite s'avérera un puissant talisman.
Santé : le port d'un jaspe ou d'une aventurine aura sur le Verseau des effets bénéfiques.
Parfums : serpentaire, muguet, réséda
Plantes : fougère, myosotis
Les pierres du Verseau : tourmaline bleue, cristal de roche, amazonite, aventurine verte.

POISSONS
19 février au 20 mars
JE PRIE
Planète : Neptune

Signe féminin conçu en Gémeaux, le Poissons est un signe d'eau dont les mots clefs sont : réceptivité, hypersensibilité, mystère et rêve. Il est gouverné par les pieds. C'est un signe doué d'une grande réceptivité, d'une incroyable intuition. Sa sensibilité lui confère à la fois force et vulnérabilité. En amour, le Poissons est attiré par le côté «fusion». Il est entier et sincère dans ses sentiments. Il peut aussi faire preuve de possessivité. Sur le plan professionnel, il est destiné aux métiers de la communication, aux professions où il peut exercer sa force psychologique. Il est également très organisé. Ses failles : il peut parfois manquer de réalisme, il est fragile et il somatise facilement.

Correspondances minérales : étain, platine

Couleur : bleu sombre

Pierre d'élection : SAPHIR. C'est la pierre la plus prometteuse pour ce signe. Pour une femme, il est préférable de choisir un saphir d'un bleu plutôt clair, pour un homme d'un bleu plus sombre. Pour atténuer le côté rêveur du Poissons et lui donner un peu plus de sens pratique, on conseille le port d'un jaspe rouge. Par contre pour développer sa spiritualité et sa légendaire intuition, on suggère une améthyste. Enfin le choix d'une opale le protégera des vicissitudes de la vie.

Santé : l'améthyste est sans contredit la pierre qui convient le mieux sur le plan santé.

Parfums : fleur d'oranger, pivoine, jasmin

Plantes : glycine, algues

Les pierres du Poissons : turquoise, topaze, cornaline.

Le tableau qui suit rappelle pour chaque signe les principales correspondances. Selon les époques et les pays, il existe une profusion de correspondances qui parfois se contredisent. Ce tableau fait la synthèse des tables anciennes et des constats de l'astrologie moderne.

De même, selon des traditions qui datent de l'Antiquité, on a établi des correspondances entre les signes du zodiaque et les pierres du mois. On considère que porter la pierre correspondant à son mois de naissance favorise la chance et le bonheur.

Tableau de correspondances : signes, planètes, métaux, pierres, couleurs et jours

Signe	Planète	Métaux	Pierres	Couleurs	Jour
Bélier	Mars	fer	rubis, cornaline	rouge	mardi
Taureau	Vénus	cuivre	émeraude, aigue-marine	vert	vendredi
Gémeaux	Mercure	argent, platine	agate, béryl	gris, jaune	mercredi
Cancer	Lune	argent, platine	cristal, opale	blanc	lundi
Lion	Soleil	or	topaze, diamant	jaune, orange	dimanche
Vierge	Mercure	mercure, platine	jaspe, sardoine	gris	mercredi
Balance	Vénus	cuivre	corail, diamant	rose	vendredi
Scorpion	Mars, Pluton	fer, acier	grenat	violet, rouge	mardi
Sagittaire	Jupiter	étain	turquoise	bleu	jeudi
Capricorne	Saturne	plomb	onyx	noir, gris	samedi
Verseau	Saturne	plomb	tourmaline	gris-bleu	samedi
Poissons	Neptune	étain, platine	saphir bleu	bleu, mauve	jeudi

Tableau de correspondances : mois et pierres de naissance

Mois	Pierre
Janvier	grenat
Février	améthyste
Mars	aigue-marine
Avril	diamant
Mai	émeraude
Juin	agate
Juillet	rubis
Août	onyx
Septembre	saphir
Octobre	opale
Novembre	topaze
Décembre	turquoise

Dans la tradition orientale, on attribue une pierre précieuse à chaque jour de la semaine. En effet, les pouvoirs magiques de la pierre seront amplifiés si on la porte un jour favorable.

Tableau de correspondances : jours de la semaine et pierres

Jour	Pierre
Dimanche	rubis
Lundi	pierre de lune
Mardi	hyacinthe
Mercredi	émeraude
Jeudi	œil-de-chat
Vendredi	diamant
Samedi	saphir

Certains se demandent peut-être pendant combien de temps

porter une pierre. En fait, cette durée dépend de chacun. On doit sentir ses effets. Cependant, si au bout de trois mois on n'a pas obtenu de résultats, il faut passer à une autre gemme, essayer de trouver celle qui conviendrait mieux. Il faut être patient, mais l'attente en vaut la peine.

FICHE PERSONNELLE

Afin de vous aider dans votre démarche, nous vous suggérons un modèle de fiche personnelle.

Date de naissance : _____
Signe astrologique : _____
Ascendant : _____
PIERRE ÉLUE : _____
Pierre pour la santé : _____ _____
Pierre talismanique : _____
But de ma recherche : _____
Résultats : _____

En guise de conclusion, nous aimerions vous faire partager une merveilleuse comptine dédiée aux femmes, qui donne pour chacune sa pierre de chance selon le mois de sa naissance. Elle est citée par Barbara Walker dans son livre *Cristaux, mythes et réalités* en page 99 (voir bibliographie).

Pour celle née en **janvier**
Aucune gemme sauf les **grenats** ne doit être portée;
Ils lui assureront la constance,
Amitié véritable et fidélité.

Les natives de **février** trouveront
Sincérité et paix de l'esprit
Et ne connaîtront ni colère ni souci,
Si elles portent l'**améthyste.**

Celle qui en ce bas monde ouvre
Les yeux en **mars** sera avisée,
Au jour de péril ferme et courageuse
Et elle portera une **hématite** jusqu'à la tombe.

Celle qui d'**avril** date ses années
Portera des **diamants**, de peur que des larmes amères
Ne coulent par vaine repentance; cette pierre est connue
Comme emblème de l'innocence.

Celle qui voit la lumière du jour
Au doux mois de **mai** émaillé de fleurs printanières
Et portera une **émeraude** toute sa vie,
Sera une épouse chérie et heureuse.

Qui arrivera en été sur cette terre
Et aura en **juin** son heure de naissance,
Avec un anneau d'**agate** à la main
Pourra s'assurer santé, richesse et longue vie.

Le **rubis** à l'éclat vif ornera
Celles qui naîtront durant le chaud **juillet**;
Elles seront dès lors exemptes et à l'abri
Du doute amoureux et de l'anxiété.

Porte un **sardonyx,** ou pour toi
Nulle félicité conjugale;
Celle qui née en **août** n'a pas cette pierre,
Dit-on, devra vivre sans amour et solitaire.

Une fille née, quand les feuilles d'automne
Frémissent à la brise de **septembre,**
Devra porter un **saphir** sur le front,
Il guérira les maladies mentales.

Une enfant d'**octobre** est née pour le malheur,
Et elle connaîtra les vicissitudes de la vie,
Mais qu'elle porte une **opale** sur son sein,
Et l'espoir réduira ses ennemis à l'impuissance.

Celle qui viendra en ce bas monde
Avec la brume et la neige de **novembre,**
Devra faire grand cas de la couleur ambrée de la **topaze,**
Emblème des amis et des amants.

Et si le froid **décembre** te voit naître,
Le mois de la neige, de la glace et de la joie,
Mets sur ta main une **turquoise bleue**;
Le succès couronnera toutes tes entreprises.

CHAPITRE 8

L'amulette et le talisman

8

AMULETTE, TALISMAN ET PENTACLE

Dès la préhistoire, pour se protéger des intempéries, de la faim, de la guerre, les hommes ont projeté sur des éléments naturels (écorce, plumes, dents, pierres, minéraux, etc.) des pouvoirs surnaturels et protecteurs dont le rôle était d'éloigner le malheur et d'apporter bonne fortune et bonheur. Mais qu'en est-il aujourd'hui? Dans une société rationnelle et technologique comme la nôtre, on aurait tendance à croire que ces croyances sont en voie de disparition. Or, il n'en est rien, amulette, talisman et pentacle sont toujours parmi nous. Ils correspondent à un besoin profond de se préserver et de repousser les influences négatives, et à un désir tout aussi fort d'attirer la chance, la réussite, le bonheur. Qui n'a pas eu un jour ou l'autre un gris-gris qu'il a investi de pouvoirs magiques? Nous allons donc maintenant voir quels enseignements nous livrent les traditions populaires et quels sont les rôles distincts attribués à l'amulette, au talisman et au pentacle. La connaissance de ces particularités est essentielle pour le choix de la pierre ou du métal talismanique. Il sera ainsi plus facile d'identifier ceux qui sont le plus efficaces et de déterminer s'il est possible de les confectionner soi-même?

L'amulette

Tout objet qui a, pour son possesseur, une fonction de protection contre la maladie et l'adversité est considéré comme une amulette (du latin *amuletum*). Dans l'Antiquité, les amulettes étaient réalisées à partir d'ossements, de dents, de morceaux du corps humain, de plantes, de minéraux, de fragments d'animaux. On peut rapprocher des amulettes les fétiches, les gris-gris des populations primitives, animistes. Puis au fil du temps, elles se sont enrichies de fonctions magiques : éloigner l'adversité, la souffrance, la mort, attirer la pluie, la fécondité, la clémence des puissances naturelles. Initialement destinées à un usage précis (se protéger contre les animaux sauvages), les amulettes ont graduellement accédé à un champ d'action plus vaste (préserver des influences négatives, du mal). On les confectionnait dans le respect des règles ancestrales de la magie blanche (bénéfique) pour lutter contre ceux qui pratiquaient la magie noire (maléfique) — malheureusement toujours actuelle; le port d'une amulette, en écartant les mauvaises vibrations, peut se révéler vital. On sait aussi que, quelle que soit la civilisation étudiée (de la préhistoire à nos jours), les hommes ont toujours eu recours à ces supports pour adoucir et maîtri-ser leur peur de l'inconnu. Ils se sont inventé des signes, des symboles, des mots magiques, des formules sacrées qu'ils appliquaient sur les pierres et qui avaient pour mission de les protéger.

Ainsi chez les Égyptiens, les amulettes les plus connues sont l'œil d'Horus, la tête de serpent et surtout le scarabée, qui conférait à qui le portait un peu de sa force et qui permettait aussi d'entrer dans le monde des morts avec une protection. Au Moyen Âge, l'amulette la plus répandue est le fer à cheval. De nos jours, le trèfle à quatre feuilles et la patte de lapin sont très populaires.

L'amulette est avant tout un support, un médium (moyen de transmission) des forces venues du cosmos, dont le degré de protection se limite à ce pourquoi elle a été conçue (rôle plutôt passif). On la différencie ainsi du talisman qui, lui, est plus actif. On a aussi remarqué que les pouvoirs de l'amulette concernent seulement son détenteur alors que les effets du talisman sont plus étendus. En fait, c'est leur degré de protection, frontière parfois difficile à établir, qui diffère.

Le talisman

Certains auteurs attribuent l'origine de ce terme à l'union de deux mots arabes, *tilasm* et *tillam,* signifiant «image magique»; d'autres font plutôt référence au mot grec *telesma,* qui veut dire «rite». On définit comme talisman «un objet auquel on confère rituellement un pouvoir surnaturel et protecteur supposé être bénéfique à son possesseur. Il s'agit souvent d'une pierre ou d'une plaque de métal gravée d'inscriptions mystérieuses ou de symboles. Les vertus attribuées au talisman sont censées venir de la cérémonie ou des configurations astrologiques qui ont auguré à sa confection» *(Encyclopédie électronique Encarta,* voir bibliographie).

Les pouvoirs du talisman ne proviennent pas du monde animal, végétal, minéral (des composants naturels peuvent toutefois entrer dans la fabrication du talisman), mais d'un ordre artificiel composé par l'homme et faisant appel aux symboles, à l'analogie. Le talisman est mis au point en tenant compte de correspondances complexes (astrologie, symbolique des matériaux de réalisation et des couleurs, date de confection, etc.). Il est donc un objet réalisé en suivant des principes très savants et compliqués. D'ailleurs, sa fabrication pouvait atteindre un degré de complexité extrême et durer plusieurs années. Comparé à l'amulette, le talisman permet d'atteindre un but plus précis.

Déjà les Anciens, dans leur grande sagesse, reconnaissaient en l'homme des forces psychologiques, mystiques qui lui permettaient de se dépasser. On connaît bien le rôle du moral et de l'inconscient dans des cas de guérisons parfois inattendues. Ainsi, depuis la nuit des temps, des hommes ont cristallisé des forces, des énergies venues du ciel dans des éléments dont est constitué le talisman, éléments qui, reliés aux influx planétaires, donnent au talisman toute sa puissance d'action. On comprend alors mieux l'importance que revêt le choix de la pierre ou du métal dans sa confection.

Le pentacle

On peut dire que le pentacle est une sorte de talisman perfectionné. Du mot grec *pente,* signifiant «cinq», il s'agit à l'origine d'un talisman à cinq branches. Sa finalité est d'aider à exaucer les vœux de celui qui se place sous son influence. Le pentacle est réalisé dans de la pierre, du métal, du parchemin et sa confection relève d'un rituel pratiqué dans des conditions astrologiques précises où interviennent des règles complexes; il est en effet défini comme le récepteur des influences astrales et cosmiques. Le pentacle reçoit les influx planétaires, et c'est de l'univers qu'il tient son pouvoir magique. On le qualifie de talisman «supérieur» par rapport aux autres, dont l'action n'est liée qu'aux éléments qui font partie de leur composition. Le pentacle, lui, cristallise les forces astrales qui viendront appuyer la demande, les souhaits de son détenteur. Après avoir pris connaissance de ces particularités, vous vous demandez peut-être si avez besoin d'une amulette pour vous protéger ou d'un talisman pour vous porter chance et bonheur; si cette amulette ou ce talisman sera pour votre usage personnel ou pour quelqu'un d'autre; si vous devriez vous le procurer, le réaliser ou faire appel à un spécialiste de la question. Et, point très important avant de procéder au choix, quelle est la pierre pour laquelle vous éprouvez immédiatement de l'attachement, une attirance forte et spontanée.

LE POUVOIR TALISMANIQUE DES PIERRES

Parmi les pierres, il en existe certaines qui se révèlent être des supports privilégiés pour amulette ou talisman. La turquoise est l'une d'elles. Elle protège contre les ennuis et est à la fois un porte-bonheur. Je garde toujours à mon poignet un petit bracelet de turquoises qui m'a été offert par ma grand-mère. J'ai constaté que les jours où je ne l'ai pas porté, de petits ennuis me sont arrivés. Je vous recommande vivement le port d'une turquoise.

Tableau de correspondances : pierres et pouvoirs talismaniques

Pierre	Pouvoirs talismaniques
Turquoise	apporte bonne santé pour soi et la famille, chance, bonheur
Œil-de-tigre ou œil-de-chat	protège contre les influences néfastes
Saphir bleu	neutralise ceux qui vous veulent du mal, les mauvais sorts
Jade	favorise les affaires, la richesse
Diamant	procure amour éternel, chance absolue

LE POUVOIR TALISMANIQUE DES MÉTAUX

Comme ils l'ont fait pour les pierres, les hommes ont accordé aux métaux des pouvoirs magiques. Nous les évoquons rapidement, car ils sont depuis longtemps fréquemment utilisés comme support à talisman. Chaque métal subit des influences planétaires déterminés : il y a donc des correspondances entre planètes, signes du zodiaque, symbolique des couleurs et jour de réalisation du talisman. Pour agir, il doit être le récepteur des influences transmises par l'ordre céleste dans le respect de ces correspondances, sinon il ne pourra être efficace.

L'acier relève de l'influence de Mars et de Mercure. On le conseille aux Béliers et aux Gémeaux. Il est efficace dans le domaine de l'amour. Il faut s'en servir le mardi.

L'argent est le métal de la Lune, liée au signe du Cancer. Il absorbe les rayons lunaires. Il est utile pour lutter contre la magie noire, les influences funestes. Il est le métal du jeudi.

Le bronze est placé sous l'influence de la planète Jupiter, qui gouverne le signe du Sagittaire. Il a un rôle bénéfique sur la personnalité de celui qui le porte. Il porte chance dans le domaine financier.

Le cuivre est relié aux planètes Vénus et Jupiter, qui ont sous leur influence les signes du Poissons et du Taureau. Dans l'Antiquité, il servait à réaliser des miroirs magiques de divination. Comme il est lié à Vénus, il est souvent associé à l'amour et à la protection de ses charmes. Il est aussi le symbole de l'amitié qu'il protège. Il faut s'en servir le vendredi, jour de Vénus. Avec l'or, il est un des métaux les plus utilisés dans la confection de talismans.

L'or est le métal sacré magique reconnu par tous et associé dans toutes les civilisations au soleil. La tradition hindoue le désigne comme la lumière minérale indiquant qu'il est une parcelle de soleil que la terre aurait absorbée. Le signe qui lui correspond est le Lion. Le jour qui lui est dédié est le dimanche. En raison de sa beauté intrinsèque et de la facilité avec laquelle il peut être gravé, c'est le métal qui convient le mieux pour faire des talismans. Il est à lui seul un talisman efficace qui symbolise l'immortalité.

Le plomb s'inscrit sous l'influence de la planète Saturne. Dans l'Antiquité, il était associé à la mort (saturnisme, empoisonnement par le plomb). Il est relié aux signes suivants : Balance, Verseau, Capricorne. Le jour qui lui est consacré est le samedi.

LA CONFECTION D'UN TALISMAN

Peut-on confectionner soi-même un talisman? Oui, mais cela s'avère difficile d'élaborer seul un talisman qui ait un réel pouvoir magique. C'est une réalisation complexe qui fait appel à la connaissance des traditions anciennes qui relèvent de l'ésotérisme, de l'astrologie, des religions. Il faut pratiquement avoir recours à un mage qui connaît les invocations, les noms, les formules, les figures, les signes qui doivent être imprimés sur le métal ou la pierre. En effet, c'est l'ensemble de ces signes qui déclencheront les forces du talisman en relation avec les influx planétaires. Notons que les figures peuvent être un cercle qui symbolise la puissance de l'esprit, celle du soleil, un hexagramme ou sceau de Salomon, des carrés magiques, etc., et que le choix du lieu et du moment est très important. Il est donc préférable de s'en remettre à la science d'un spécialiste ou d'étudier tous ces points de manière approfondie. Voici tout de même quelques règles qui permettent de réaliser soi-même un talisman qui aura une action réelle. Tenez-vous-en au respect des différentes étapes :

1. Rédiger sur un parchemin ou un papier assez épais (comme le papier de recyclage), avec une plume en or et de l'encre bleue, le but que l'on poursuit (quelques lignes).
2. Choisir un moment précis, soit le jour, soit la nuit (si l'on est une femme, la nuit est préférable, si l'on est un homme, le jour convient mieux), quand le ciel est limpide, au petit matin. Déterminer aussi un jour de la semaine et marquer le nom de l'ange correspondant en dessous du vœu, puis brûler le parfum qui est en correspondance (reportez-vous au deuxième tableau qui suit).
3. Prendre ensuite la pierre dont les pouvoirs talismaniques sont en liaison avec l'objectif souhaité. C'est le point fondamental.
4. Poser cette pierre sur le parchemin, entrer en relation avec ses vibrations et visualiser la demande sont les trois autres étapes. Quand on sent que cet échange s'est produit, ranger la pierre et le parchemin dans une boîte hermétique

et ne l'ouvrir que lorsque la nécessité de cette commu-
nion se fait sentir. Le talisman est alors prêt à agir, mais
personne d'autre que vous ne doit le toucher, autrement
il perdra tout son pouvoir.

Tableau de correspondances pour la confection d'un talisman : métaux, planètes et signes astrologiques

Métal	Planète	Signes astrologiques
Argent	Lune	Cancer
Cuivre	Vénus	Taureau, Balance
Étain	Jupiter	Sagittaire, Poissons
Fer	Mars	Bélier, Scorpion
Mercure	Mercure	Gémeaux, Vierge
Or	Soleil	Lion
Plomb	Saturne	Capricorne, Verseau

Ce deuxième tableau vous indique quel est le jour le plus
favorable à la réalisation du talisman, le parfum qu'il est
aussi conseillé de faire brûler et le nom de l'ange à invoquer
en fonction de votre signe. (Tableau réalisé à partir d'informations contenues dans *Le livre des superstitions* d'Éloïse
Mozzani, voir bibliographie).

Tableau de correspondances : signes, jours, parfums et noms des anges

Signe	Jour	Parfum	Ange
Cancer	lundi	santal	Gabriel
Vierge, Scorpion, Bélier	mardi	poivre	Samuel
Gémeaux	mercredi	résine	Michel
Sagittaire, Poissons	jeudi	thym	Sachiel
Balance, Taureau	vendredi	benjoin	Raphaël
Capricorne, Verseau	samedi	pavot	Cassiel
Lion	dimanche	jasmin	Anaël

Avant de clore ce chapitre, nous vous proposons quelques exemples d'amulettes qui, dans les traditions populaires, ont fait leurs preuves.

Fidélité en amour : une aigue-marine montée sur de l'or vous préservera de l'infidélité et des déceptions amoureuses.

Amour de l'autre : une alliance en or placée à côté d'un lapis-lazuli, en pensant fortement à la personne désirée, attirera son amour vers vous.

Protection de la santé : faire ajouter des perles de corail à un collier de perles en les faisant alterner est une amulette très efficace pour la santé.

Protection contre les ennuis : acheter des ciseaux en or ou en argent coupera le fil de la malchance.

Prospérité financière : faire réaliser dans le métal ou dans la pierre la mieux a adaptée à votre signe un trèfle à quatre feuilles, ou si vous en avez trouvé un, ce qui est un excellent présage, le conserver dans un pendentif en or.

Longue vie : selon les civilisations, plusieurs animaux, tels que le scarabée, la tortue ou la chauve-souris, incarnent ce rôle. Les faire réaliser dans de l'or et les porter en pendentif est de bon augure.

Vie heureuse : prendre une de ses dents de lait, la faire monter en pendentif, uniquement avec de l'or, assurera une vie très heureuse.

Pour les passionnés qui voudraient en savoir plus sur la confection de talismans et d'amulettes, nous vous recommandons l'excellent ouvrage intitulé *Le grand livre des amulettes et talismans* écrit par Edmond Oris (voir bibliographie).

CHAPITRE 9

À la recherche de votre pierre «cosmique»

9

Précisons au point de départ qu'il se peut que plusieurs pierres vous soient destinées; dans ce cas, il faut vous assurer que leurs vibrations sont compatibles. Pour cette raison, il est préférable de ne pas porter plus de deux ou trois pierres en même temps.

Avant d'arrêter votre choix, il est indispensable de déterminer dans quel but vous souhaitez acquérir telle pierre ou tel bijou : pour une raison de santé, pour un objectif professionnel, amoureux, etc. Une fois cette réflexion faite, avec sérieux et sincérité, sans vous mentir à vous-même, formulez ce but par écrit et conservez précieusement cette information.

Poursuivez ensuite votre recherche en vous appuyant sur votre appartenance astrologique, puis en consacrant quelques minutes à un petit exercice relevant de la numérologie. En procédant ainsi, vous parviendrez à identifier votre pierre «cosmique».

L'APPARTENANCE ASTROLOGIQUE

Comme on l'a vu précédemment (chapitre 7), il y a une correspondance entre les planètes et les pierres qu'elles gouvernent. Pour chacun des signes, il existe une pierre d'élection et certaines autres qui lui sont particulièrement favorables. Il est très important d'en tenir compte, car l'énergie que la gemme va vous transmettre provient du passage des planètes dans le signe. Il faut aussi, si on le connaît, considérer son ascendant.

À la recherche
de votre pierre
«cosmique»

LA NUMÉROLOGIE

La numérologie donne une valeur chiffrée aux lettres de l'alphabet (voir tableau qui suit), mais à la différence des mathématiques, cette valeur est chargée d'une signification symbolique. Les valeurs dévoilées sont en relation étroite avec les forces cosmiques et viennent renforcer les indications du signe de naissance. Il est important de déterminer ce chiffre qui, à partir du nom, du prénom, de la date et de l'année de naissance (chiffre du destin), constitue le chemin de vie, chiffre «vibratoire» qui est en interaction avec les planètes qui ont une influence positive ou négative.

Tableau de la valeur numérique des lettres de l'alphabet

A	B	C	D	E	F	G	H	I
J	K	L	M	N	O	P	Q	R
S	T	U	V	W	X	Y	Z	
1	2	3	4	5	6	7	8	9

Afin de vous aider à trouver votre chiffre «cosmique», nous vous proposons un exemple démontrant la façon de procéder pour le calcul :
Prénom, nom, date et année de naissance :
DOMINIQUE LANTY, 17 décembre 1954

Prénom et nom :
D O M I N I Q U E = 4 + 6 + 4 + 9 + 5 + 9 + 8 + 3 + 5 = 53
L A N T Y = 3 + 1 + 5 + 2 + 7 = 18
53 + 18 = 71
7 + 1 = **8**

Date et année de naissance : 17 décembre 1954
17 + 12 + 1954 = 1 + 7 + 1 + 2 + 1 + 9 + 5 + 4 = 30
3 + 0 = **3**

Le chiffre «cosmique» pour Dominique Lanty est le 2 :
8 + 3 = 11
1 + 1 = **2**

En se référant au tableau qui suit, on cherche ensuite la

À la recherche
de votre pierre
«cosmique»

planète correspondant au chiffre «cosmique» obtenu. Dominique Lanty a donc un chiffre «vibratoire» qui la place sous l'influence dominante de l'astre lunaire.

Tableau de correspondances : chiffres «cosmiques» et planètes

Chiffre «cosmique»	Planète
1	Soleil
2	Lune
3	Jupiter
4	Soleil
5	Mercure
6	Vénus
7	Saturne
8	Mars

Une fois la planète dominante identifiée, il faut vous reporter au tableau qui suit afin de savoir sur quelles pierres elle exerce une influence.

Tableau de correspondances : planètes et pierres

Planète	Pierres
Soleil	diamant, chrysolithe, rubis, ambre, topaze
Lune	opale, cristal de roche, émeraude, pierre de lune, aigue-marine, jaspe
Jupiter	améthyste, turquoise, saphir sombre, béryl, jaspe
Mercure	agate, béryl, jaspe, sardoine, œil-de-chat, calcédoine
Mars	rubis, grenat, cornaline, diamant, corail rouge
Saturne	onyx, corail, perle noire, obsidienne, jais
Vénus	émeraude, lapis-lazuli, saphir clair, turquoise, agate

**À la recherche
de votre pierre
«cosmique»**

L'exemple de Dominique Lanty indique qu'il faut se reporter aux pierres qui sont directement sous l'influence de la lune : opale, cristal de roche, émeraude, pierre de lune, aigue-marine, jaspe. Mais il faut aussi prendre en compte le signe astrologique de Dominique Lanty, qui est Sagittaire, et se reporter au tableau de correspondances entre les pierres et les signes du zodiaque (chapitre 7). On voit alors que la couleur est le bleu et que la pierre d'élection est le lapis-lazuli. La consultation du répertoire qui décrit les caractéristiques de chaque gemme (chapitre 11) est elle aussi essentielle. Si l'objectif de Mlle Lanty concerne le domaine amoureux, on lui conseillera une pierre liée à son chiffre «vibratoire» et qui est connue pour son action en ce domaine : l'aigue-marine, qui reprend de plus la couleur du signe, le bleu. Si son but est d'ordre matériel, professionnel, un jaspe vert ou une turquoise lui portera chance en affaires. Enfin si ses préoccupations concernent la santé, elle devra se tourner vers une émeraude.

Il est donc possible, en usant de patience, de découvrir la pierre qui nous convient. Une fois notre choix fixé, on se doit de la porter aussi longtemps que l'on sent son influx bénéfique. Si toutefois après trois mois aucun résultat n'a été obtenu, il faudra alors purifier la pierre et la recharger ou en choisir une autre. Mais, règle générale, la plupart des gens qui en font l'expérience sont agréablement surpris du résultat au bout de quelques semaines.

CHAPITRE 10

Les pierres et la tradition

10

Dans *Forgerons et Alchimistes,* l'auteur Mircea Eliade rapporte une croyance où les minéraux étaient perçus comme se développant dans le ventre de la terre mère, un peu comme s'ils étaient ses enfants. L'Ancien Testament témoigne, quant à lui, d'une tradition de la naissance des hommes et de la pierre, faisant de cette dernière (de sa solidité) le support privilégié de la parole de Dieu, la gardienne immuable de la Loi : «Le Seigneur dit à Moïse : "Monte vers moi sur la montagne et reste là pour que je te donne les tables de pierre : la Loi et les commandements que j'ai écrits pour les enseigner."» (*L'Exode,* XXIV, 31, 18)

LES PIERRES DANS LA BIBLE

Outre cette matière rocheuse, d'autres pierres — plus précieuses — sont également évoquées dans la Bible. Ces gemmes, nommées à plusieurs reprises dans trois textes très connus, ont fait l'objet d'interprétations historiques, ésotériques, magiques. Nous nous contenterons ici de citer les passages les plus explicites. Comme on le sait, la tradition judéo-chrétienne est remplie d'exemples où roches et cristaux jouent un rôle prépondérant, riche en symboles.

Le pectoral d'Aaron

Dans *L'Exode,* livre de la libération des Hébreux du joug égyptien (vers 1250 av. J.-C.), se trouve un passage faisant référence aux pierres et à leurs pouvoirs. Au cours du séjour de Moïse sur le mont Sinaï, Dieu lui demande de réaliser des vêtements pour son frère aîné Aaron, grand prêtre d'Israël, qui doit pénétrer dans le Saint des Saints : «Tu feras pour ton frère des vêtements sacrés en signe de gloire et de majesté.» On décrit alors un éphod (sorte de corset avec ceinture et bretelles) fait en lin brodé d'or et de pourpre, et décoré de deux pierres de béryl, puis le pectoral d'Aaron, vêtement couvrant le haut du torse, orné de douze pierres précieuses : «Tu le garniras de quatre rangées de pierres, l'une de sardoine, de topaze et d'émeraude, ce sera la première rangée; la deuxième d'escarboucle, de lazulite et de jaspe; la troisième d'agate, de cornaline et d'améthyste; la quatrième de chrysolithe, de béryl et d'onyx. Elles auront des chatons d'or pour garniture. Les pierres correspondront aux noms des fils d'Israël, elles seront douze comme leurs noms.» (*L'Exode,* XXVIII, 9 à 31)

Sous le pectoral, il y avait deux autres pierres, l'ourim et le tommîm, dont le grand prêtre se servait pour connaître l'avenir. Selon certains auteurs, ces deux gemmes étaient des émeraudes ou des cristaux de roche. On notera que le pectoral était surtout un attribut des pharaons. Mais comme Moïse venait de quitter l'Égypte pour atteindre la Terre promise, il n'est pas impossible qu'il se soit inspiré des vêtements égyptiens.

Pour achever son travail, Moïse fit ensuite graver sur les douze pierres le nom des douze tribus du peuple juif. En portant ce pectoral, le grand prêtre montrait l'unité des siens à Dieu et évitait les dissensions futures. Les douze pierres devinrent donc sacrées et prirent une signification symbolique. Chaque pierre représentait une valeur morale, incarnait un effet bénéfique : la sardoine (rouge) le courage, la topaze (jaune) la douceur, l'émeraude (verte) un antipoison, l'escarboucle (orange) un régulateur sanguin, le saphir (bleu) la pureté, le jaspe (vert intense) la fécondité, l'agate (gris clair) la gaieté, l'hyacinthe (pourpre) la puissance, l'améthyste (violette) un anti-tristesse, la chrysolithe (jaune d'or) un chasse-mauvaises intentions ou pensées, le béryl (bleu azur) la sérénité et l'onyx (jaune rosé) la chasteté. Il existe de nombreuses interprétations concernant ces douze pierres — dont les noms varient selon les versions. Retenons toutefois qu'elles vont être la source de nombreuses correspondances : 12 tribus, 12 lettres, 12 mois, 12 signes du zodiaque.

La prophétie d'Ézéchiel

Les pierres sont aussi présentes dans la complainte d'Ézéchiel, prophète biblique qui exerça son ministère entre 598 et 591 av. J.-C. parmi les déportés juifs de Babylone et qui soutint l'espérance des exilés en la restauration du peuple élu. Dans cette prophétie, Ézéchiel annonce au prince de Tyr le malheur qui l'attend : «Tu étais en Éden, dans le jardin de Dieu, entouré de murs en pierres précieuses, sardoine, topaze et jaspe, chrysolithe, béryl et onyx, lazulite, escarboucle et émeraude, et d'or dont sont ouvrés les tambourins et les flûtes.» (*Ézéchiel*, 28, 13) On note que les neuf pierres du roi de Tyr symbolisaient la richesse que Dieu lui avait accordée et leur magnificence fait encore plus ressortir le malheur du prince qui les a perdues. Ainsi, le jardin enclos d'un mur de pierres précieuses rappelle celui de la Jérusalem céleste.

Les pierres de la Jérusalem céleste
Dans le Nouveau Testament, la pierre ressort comme un fondement essentiel du christianisme. Nombreuses sont les paroles des apôtres qui y font référence. Dans *l'Apocalypse*, dernier livre du Nouveau Testament attribué à l'apôtre saint Jean, on cite : «Et il me montra la ville sainte, Jérusalem, qui descendait du ciel, d'auprès de Dieu, ayant la gloire de Dieu. Son éclat était semblable à celui d'une pierre très précieuse, d'une pierre de jaspe transparente comme du cristal. (...) La muraille était construite en jaspe, et la ville était d'or pur, semblable à du verre pur. Les fondements de la muraille de la ville étaient ornés de pierres précieuses de toutes espèces. Le premier fondement était de jaspe, le deuxième de saphir, le troisième de calcédoine, le quatrième d'émeraude, le cinquième de sardonyx, le sixième de sardoine, le septième de chrysolithe, le huitième de béryl, le neuvième de topaze, le dixième de chrysoprase, le onzième d'hyacinthe, le douzième d'améthyste. Les douze portes étaient douze perles; chaque porte était une seule perle. La place de la ville était d'or pur comme du verre transparent.» (*L'Apocalypse*, XXI, 20)

Que l'on considère les pierres de la Bible comme des réceptacles de l'énergie divine toujours présente ou comme porteuses d'une valeur hautement symbolique, il n'en demeure pas moins qu'elles sont chargées d'une partie de l'histoire de l'humanité et qu'elles ont toujours exercé sur les hommes une réelle fascination. Elles représentent pour nous, qui sommes baignés de culture judéo-chrétienne, un grand intérêt. Enfin, rappelons que la coupe du Graal, dans laquelle le sang du Christ aurait été recueilli, était taillée dans une émeraude tombée sur terre lors du combat entre l'archange Michel et Lucifer, et que de cette gemme, on fit une coupe mythique. Le Moyen Âge, lui, vit naître des correspondances entre les pierres précieuses de la Jérusalem céleste, les apôtres et les anges. Ces tables de correspondances symboliques étaient parfois l'œuvre du pape. On relia ainsi l'émeraude à l'apôtre Jean et à l'ange Muriel. Les pierres précieuses faisaient aussi figure d'ornements sacrés dans les églises et suscitaient l'admiration des croyants. Cet attrait que les gemmes exercent sur l'âme humaine est immense et trouve son expression dans de nombreux traités de l'Antiquité, du Moyen Âge et surtout de la Renaissance. Ces passionnés de gemmologie, et plus près de nous ceux du new age, ont consacré aux pierres des ouvrages qui sont fondamentaux pour qui veut étudier les aspects curatifs et magiques des minéraux. À défaut de tous les citer, retenons le nom d'Hildegarde de Bingen comme une des figures dominantes d'une lignée d'auteurs qui nous ont enseigné comment utiliser les vertus des gemmes.

LES AUTEURS

Pline l'Ancien (Côme 23 ap. J.-C., Stabies 79) : naturaliste et écrivain latin, mort dans l'éruption du Vésuve en 79. Il est l'auteur d'une véritable histoire naturelle qui comprend des ouvrages décrivant de manière très approfondie les minéraux.

Marbode (1035-1123) : archidiacre d'Angers, puis évêque de Rennes, il écrit un traité, *De Gemmis,* qui reprend au XIIe siècle les constatations des auteurs plus anciens. Cet homme décrit avec des images poétiques les qualités et les vertus de 70 pierres précieuses.

Hildegarde de Bingen (1098-1179) : cette femme extraordinaire est une des figures marquantes du Moyen Âge. Elle entrera en religion dès l'âge de 12 ans, fondera un monastère, aura des échanges avec les grands esprits de ce temps, comme Bernard de Clairvaux, avec les rois et les papes. Elle eut de son vivant une exceptionnelle renommée en raison des visions qu'elle avait, et qu'elle expose dans un ouvrage mystique en latin, *Sci vias (Connais les voies du Seigneur).* Dans ses visions, elle décrit de manière poétique et lyrique la condition humaine sur terre. Une magnifique phrase illustre fort bien sa démarche et cette interaction entre l'énergie divine et le globe terrestre qui touche tous les règnes, y compris le monde minéral : «Regarde-toi : tu as en toi le ciel et la terre.»

Écrivain visionnaire, musicienne, voyageuse, elle était aussi très proche de la nature qu'elle observait avec attention. Férue de sciences, de médecine, elle sera d'ailleurs la première à rédiger un ouvrage médical, *Les subtilités de la nature,* qui est une véritable encyclopédie. Elle y propose un certain nombre de pratiques pour se soigner, pratiques qui font appel aux plantes, aux herbes, aux animaux et aux minéraux. Elle conseille entre autres plusieurs façons de se servir des pierres : en les posant directement sur la partie malade, en les réduisant en poudre et en les mélangeant à d'autres ingrédients comme la salive, etc. D'ailleurs, certains de ces remèdes sont encore utilisés de nos jours en médecine douce et naturelle.

Voici, à titre d'exemples, deux façons de faire qu'elle propose avec l'améthyste et le saphir. Pour prévenir les problèmes de peau et conserver un beau teint, elle suggère de passer une améthyste (pierre brute) enduite de salive plusieurs fois sur le visage. Pour le soin des yeux, elle recommande de réchauffer un saphir dans la main, puis d'en toucher les yeux pendant trois matins et trois soirs.

Sainte Hildegarde s'est penchée sur les effets de la quasi totalité des pierres et plantes connues à l'époque. Elle nous révèle avec bon sens et poésie les bienfaits de la nature. Pour en connaître davantage sur la vie de cette femme étonnante, nous vous suggérons de lire *Hildegarde de Bingen, conscience inspirée du XIIe siècle,* de Régine Pernoud (voir bibliographie).

Saint Antoine de Padoue (1195-1231) : ce religieux franciscain d'origine portugaise prêcha en Italie et en France contre les Cathares. On l'invoque souvent pour retrouver les objets perdus («Mon bon saint Antoine de Padoue, rendez ce qui n'est point à vous!»), pour sauver les malades et les victimes d'accidents. Dans ses *Sermons,* il fait référence aux vertus des minéraux; de nombreux passages portent, entre autres, sur les pouvoirs du saphir et du rubis.

Albert le Grand (1193-1280) : philosophe et théologien du
XIIIe siècle, surtout connu pour avoir diffusé la pensée d'Aristote, Albert le Grand compte parmi ses disciples saint Thomas
d'Aquin. Animé d'une curiosité scientifique, il s'engage dans
la rédaction d'un traité dans lequel il dépeint les caractéristiques de nombreux minéraux et leurs modes d'utilisation
dans une optique thérapeutique et magique; ainsi il considère l'émeraude à reflets jaunes comme une gemme qui confère vigueur, puissance et santé. Force est de constater que
ces croyances ont traversé les siècles et qu'elles font même
aujourd'hui l'objet d'un regain d'intérêt accentué par l'arrivée du phénomène new age.

Edgar Cayce (1877-1945) : originaire des États-Unis, ce médium célèbre s'est aussi penché sur les pouvoirs des pierres,
qu'il décrit dans un livre passionnant intitulé *Les pierres qui
guérissent* (voir bibliographie). Il y analyse les propriétés particulières de chaque gemme. Selon lui, «les pierres sont
comme des choses de jadis qui, lorsque l'on s'y intéresse (...),
peuvent servir de tremplin pour accéder à la compréhension
des vibrations en relation avec les forces minérales et
l'homme». Il annonce en quelque sorte les nombreux auteurs
du new age qui, à l'aube de l'ère du Verseau, insistent sur le
rôle fondamental des cristaux.

En effet, dans la philosophie et la pratique des adeptes du
new age, les pierres ouvrent la voie vers un développement
personnel plus grand et permettent à qui veut travailler sa
conscience de se transformer de manière positive pour atteindre la liberté intérieure et le bonheur. Ainsi en méditant
avec les cristaux, on sort de soi pour aller vers un Tout qui
serait une Conscience supérieure, une conscience à l'échelle
du cosmos. Si ce sujet vous intéresse, référez-vous aux *Pouvoirs
secrets des pierres et des cristaux,* de Katrina Raphaell, chez
Albin Michel.

Pour conclure, citons également l'ouvrage *La médecine
des pierres précieuses de sainte Hildegarde* (voir bibliographie), des docteurs Gottfried Hertzkal et Wighard Strehlow
qui, en plus de contribuer à la diffusion de la pensée

d'Hildegarde de Bingen, opèrent une clinique où des traitements sont dispensés selon ses principes.

CHAPITRE 11

Le répertoire

11

Vous trouverez dans ce répertoire un certain nombre de pierres dont certaines vous sont familières, d'autres moins connues. Précisons au point de départ que ce répertoire n'est pas un traité de minéralogie et que le choix effectué répond à des critères en accord avec l'objectif poursuivi par cet ouvrage, c'est-à-dire montrer les vertus thérapeutiques qui sont attribuées aux pierres et les pouvoirs magiques que les traditions les plus anciennes associées aux versions les plus récentes leur accordent. La sélection des minéraux, volontairement arbitraire, s'est faite en tenant compte de ce double aspect. Pour chaque gemme, cette étude mêle donc étymologie, notions scientifiques, histoire, connaissances en astrologie et en magie (dont les informations proviennent de traités d'occultistes, de coutumes et de traditions populaires; pour le lecteur, il convient de les aborder avec un esprit curieux, mais aussi avec prudence).

Afin de vous faciliter la lecture, le plan suivi sera le même pour chaque pierre : nom (suivi d'un «surnom» qu'il nous a semblé utile de faire figurer, car souvent il illustre avec bonheur l'aspect poétique et merveilleux de chaque gemme), étymologie (quand il est possible de l'établir), partie scientifique (composition chimique, couleur, dureté selon l'échelle de Mohs, système cristallin — information qui renvoie au chapitre 1), localisation, légende, histoire ou tradition s'il y a lieu, vertus thérapeutiques, autres pouvoirs (magiques). Dans cette sélection figurent également des matières organiques, telles que l'ambre, le corail, la perle, qui ne sont pas des minéraux, mais qui sont dotées de pouvoirs talismaniques.

AGATE

«Pierre de l'amour»

Étymologie : d'une rivière de Sicile, l'Akhates, où autrefois les habitants ramassaient des agates en abondance.

Composition : dioxyde de silicium, famille des calcédoines.

Couleur : il existe plusieurs sortes d'agates : certaines de couleur unie, d'autres présentant un mélange de couleurs avec des zones striées, tachetées. Parmi ces variétés, on trouve l'agate étoilée, l'agate nébuleuse et l'agate mousse, qui comporte des inclusions vert foncé ressemblant à de la mousse.

Dureté : 7.

Système : rhomboédrique.

Localisation : Uruguay, Mexique, Inde.

Légende : chez les Romains, une agate protégeait contre les morsures de serpents et en atténuait la douleur. Sainte Hildegarde de Bingen partageait aussi cette croyance; boire de l'eau dans laquelle avaient trempé neuf morceaux d'agate durant trois jours représentait pour elle un remède souverain contre toutes les maladies!

Vertus thérapeutiques : déposer une agate sous l'oreiller favorise le sommeil et de beaux rêves. Pour les femmes, le port d'une agate les rend plus facilement fécondes.

Autres pouvoirs : porter sur soi une agate protège la personnalité des influences négatives et augmente le pouvoir de séduction. En porter une montée sur une bague maintient l'harmonie au sein d'un couple, d'où son surnom «pierre de l'amour». Mais l'agate donne surtout du courage pour affronter une situation difficile : il suffit d'en tenir un petit morceau bien serré au creux de sa main et sa magie agira. C'est aussi une pierre que l'on peut conseiller aux sportifs, elle leur assurera la victoire.

À son propos, on peut citer ces vers de Rémi Belleau, érudit et poète français, tirés d'Amours et Nouveaux Échanges de pierres précieuses (1576) :

«Vénus admirant la merveille,
De ceste agate non pareille,
La montre à la troupe des dieux,

Qui de vertus et de grâce belles,
Outre ses beautés naturelles,
La douèrent à qui mieux mieux.»

AIGUE-MARINE

«Goutte d'eau de mer»

Étymologie : aigue-marine signifie «eau de mer». Si l'on trempe une aigue-marine dans l'océan, la pierre et l'eau doivent se confondre.

Composition : silicate naturel d'aluminium et de béryllium (famille des béryls).

Couleur : bleu, bleu-vert, vert clair. Comme son nom l'indique, elle prend toutes les nuances les plus subtiles de l'océan. Les aigues-marines vertes sont celles qui, aujourd'hui, ont le plus de valeur.

Dureté : 8.

Système : hexagonal.

Localisation : Brésil, U.R.S.S., île d'Elbe, Madagascar. La plus grosse aigue-marine répertoriée fut trouvée en 1946 dans l'État d'Espérito Santo, au Brésil; de couleur verte, elle pèse environ 22 kilogrammes.

Tradition : elle est une des douze pierres précieuses qui forment les assises de la Jérusalem céleste, pierres représentant les fondements de l'Église, les douze apôtres. Elle est souvent reliée à l'apôtre et évangéliste saint Matthieu. Au Moyen Âge, si l'on posait une aigue-marine sous sa langue, on pouvait invoquer le diable ou un démon sans danger. Dans la tradition orientale, elle symbolise la jeunesse et la santé.

Vertus thérapeutiques : elle a un effet protecteur contre les maux de dents, les affections de la gorge, les rhumes. Elle est recommandée dans les cas d'allergies, de problèmes de peau. Elle permet de mieux gérer sa vie émotionnelle et de développer un esprit subtil. Elle favorise la méditation et les recherches spirituelles.

Autres pouvoirs : son champ d'action privilégié est le domaine sentimental. C'est la pierre des amours, des liens durables. Elle apporte bonheur et félicité à qui la porte. Offrir une aigue-marine à son partenaire est un puissant talisman. Traditionnellement, les marins et les voyageurs la portaient pour protéger leurs amours durant leur absence.

AMBRE
«Larmes d'oiseau marin»
Étymologie : du latin *succinum,* «pierre de sève», et du grec *êlektron,* «soleil resplendissant».
Composition : résine fossile provenant de l'écoulement de la sève de nombreuses variétés de résineux de l'ère cénozoïque, aujourd'hui disparus. Les forêts sont maintenant totalement fossilisées et on trouve cette pierre au fond des océans ou près du littoral. Pour cette raison, sur la côte sud de la mer Baltique, on le nomme encore «Larmes d'oiseau marin».

Couleur : jaune comme le soleil à brun mordoré avec parfois des inclusions d'insectes.
Dureté : 2 à 3. Légèrement cassant, il dégage une odeur agréable quand on le frotte. Il s'électrise négativement par friction.
Système : amorphe.
Localisation : Europe du Nord, Roumanie (en petite quantité), Sibérie, Sicile.
Tradition : l'ambre était considéré comme une pierre précieuse dans l'Antiquité. Dans la mythologie grecque, on relie son origine aux larmes des filles du Soleil, les Héliades, pleurant la mort de leur frère Phaéthon. Notons que l'empereur romain Néron l'affectionnait particulièrement.
Vertus thérapeutiques : au Moyen Âge, on se servait de cette pierre (sous forme de poudre) pour concocter de nombreux remèdes contre les maladies gastro-intestinales, nerveuses, etc. De nos jours, porter de l'ambre permet de lutter contre l'anxiété, l'angoisse, les sentiments déprimants, les cauchemars. Il prévient les avortements et stimule la fécondité.
Autres pouvoirs : grâce à ses vertus magnétiques (son nom grec est *êlektron*), l'ambre est doté de nombreux pouvoirs magiques; il permet de lutter contre les influences négatives, les envoûtements. Porter un collier d'ambre vous apportera joie de vivre et vitalité.

AMÉTHYSTE
«La Mélancolique»
Étymologie : du grec *amethustos,* «ne pas être ivre».
Composition : variété de quartz.
Couleur : du violet pâle au pourpre (en raison de la présence de fer et de manganèse).

Dureté : 7.
Système : rhomboédrique.
Localisation : Inde et Sri Lanka (pour les plus beaux spécimens), mais aussi en Europe, en Écosse, en France (Auvergne).
Légende : la belle nymphe Amétis éveilla, lors d'une nuit d'ivresse, le désir de Dionysos. Alors qu'il allait s'emparer d'elle, la nymphe pria la déesse de la chasse, Artémis, de lui venir en aide. Ayant accédé à son vœu, Dionysos se retrouva en train de serrer un bijou. Il décida alors de donner à la pierre une couleur violette en souvenir de cette nuit et d'en faire un symbole de protection contre les libations.
Vertus thérapeutiques : ses indications sont nombreuses. Elle protège des excès alimentaires et permet l'élimination des toxines. Elle aide à lutter contre toutes les dépendances, principalement celle de l'alcool. Autrefois, on buvait dans des coupes taillées dans de l'améthyste, de telle sorte que le reflet de la pierre sur l'eau donnait l'impression d'absorber un breuvage alcoolisé sans toutefois en avoir les désagréments. L'améthyste apporte également la sérénité en raison de sa couleur profonde et apaisante, et elle est efficace contre les migraines. Placée sous un oreiller, elle favorise le sommeil. Elle joue aussi un rôle dans l'équilibre du système nerveux.
Autres pouvoirs : le port d'une améthyste favorise l'élévation spirituelle, la méditation et stimule la créativité.

AVENTURINE
«Un porte-bonheur pour l'argent»
Étymologie : un ouvrier verrier aurait laissé tomber par hasard (*a ventura*) de la limaille de cuivre dans un bac de verre fondu. En se solidifiant et en refroidissant, le mélange prit l'aspect d'une jolie aventurine, d'où le nom de cette pierre.
Composition : variété verte de quartz à inclusions de mica, de fuchsite (vert) ou d'hématite (rouge) lui donnant un aspect pailleté.
Couleur : vert, brun, brun-rouge, bleu (plus rare).
Dureté : 7.
Système : rhomboédrique.
Localisation : U.R.S.S. (Oural), Inde.
Vertus thérapeutiques : porter une aventurine verte ou bleue a un effet calmant sur les personnes nerveuses. Par contre, le choix d'une aventurine de couleur chaude comme

le rouge ou le brun-rouge aura un impact positif sur les personnes qui accusent des baisses d'énergie.

Autres pouvoirs : elle attire la chance, l'argent. Aux États-Unis, le vert rappelant la couleur de l'argent, elle s'inscrit comme un porte-bonheur en ce domaine.

BÉRYL
«Don du soleil»

Étymologie : du latin *beryllus*. Notons que le terme allemand *brille,* signifiant lunettes, est très proche étymologiquement. En effet, les Romains se servaient du béryl incolore pour fabriquer des loupes.

Composition : silicate d'aluminium et de béryllium.

Couleur : selon la couleur, on trouve l'émeraude (verte), l'aigue-marine (bleu-vert), la morganite (rose), la goshénite (incolore) et l'héliodore (jaune d'or), nommé aussi «Don du soleil». On désigne surtout par béryl la pierre vert pâle.

Dureté : 7.

Système : hexagonal.

Vertus thérapeutiques : cette pierre est très étroitement liée au cycle de la Lune, et comme cette dernière a une influence sur les maladies de l'estomac, un béryl permettra d'éviter les ulcères, les colites et les nausées.

Autres pouvoirs : un béryl facilitera la réconciliation après une dispute avec le conjoint. S'il est question d'un procès, porter un béryl vert aura un pouvoir protecteur et aidera à gagner contre la partie adverse.

CALCÉDOINE
«La pierre de l'amitié»

Étymologie : de la ville grecque Khalkêdon.

Composition : dioxyde de silicium (elle constitue la couche liante de l'agate).

Couleur : blanc bleuté, bleu, gris pâle. La calcédoine commune est une pierre un peu translucide.

Dureté : 6-7.

Système : rhomboédrique.

Localisation : Brésil, Uruguay, Inde, Madagascar.

Tradition : c'est une des pierres de *L'Apocalypse* que saint Jean mentionne : «Et les murs des villes ornés de pierres précieuses, la première, le jaspe, la deuxième, le saphir, la troisième, la calcédoine.»

Vertus thérapeutiques : c'est un remède contre la dépression, la tendance à la tristesse. Elle permet une guérison plus rapide des maladies physiques et psychiques.

Autres pouvoirs : elle encourage les relations amicales. Les personnes hostiles deviennent plus facilement des amis. Elle est la pierre de l'amitié. Elle a des effets sur la personnalité : elle est souvent synonyme de sérénité et de paix intérieure. Porter une calcédoine quand on est en contact avec des personnes colériques protégera de leurs éclats.

CHRYSOCOLLE

«Fragment des mers du Sud»

Composition : silicate hydraté de cuivre.
Couleur : bleu-vert lumineux.
Dureté : 2-4.
Système : amorphe.
Localisation : Chili, Italie.
Vertus thérapeutiques : sa magnifique couleur bleue, qui rappelle celle de la turquoise, invite à l'harmonie, au calme, au recueillement. On remarque que cette pierre est peu ou pas utilisée en bijouterie, par contre elle peut se transformer en un très bel élément décoratif pour une pièce.
Autres pouvoirs : la chrysocolle attire l'or, la richesse.

CHRYSOLITHE

«Pierre d'or»

Étymologie : du grec *khrusos,* «or», et *lithos,* «pierre».
Composition : silicate de magnésium et silicate de fer.
Couleur : on l'appelle aussi péridot quand elle est vert mousse et olivine quand elle est vert olive. Elle est le plus souvent vert clair avec des nuances jaunes.
Dureté : 6-7.
Système : rhomboédrique.
Localisation : Birmanie, Brésil, Afrique du Sud.
Vertus thérapeutiques : c'est un puissant talisman qui protège de la plupart des maladies infectieuses.
Autres pouvoirs : depuis toujours, elle est appréciée des guérisseurs, des astrologues et des voyants; elle développe les dons

paranormaux. Elle donne un bon équilibre physique et mental, et permet d'être bien dans sa peau. Une chrysolithe couleur d'or attirera sur la personne qui la porte un «coup de foudre».

CHRYSOPRASE

«Et la pierre devint pomme»

Étymologie : du grec *khrusos,* «or» et *prasos* «poireau». Ce nom est assez fantaisiste et mystérieux quant à son origine.

Composition : dioxyde de silicium (famille des calcédoines).

Couleur : vert pâle ou vert pomme, elle peut aussi être vert mousse ou vert bouteille. Cette merveilleuse couleur évocatrice du printemps la rend très agréable à porter.

Dureté : 7.

Système : rhomboédrique.

Localisation : Inde, Bohême, France.

Vertus thérapeutiques : tout comme l'émeraude, la chrysoprase exerce une influence bénéfique sur la vue, dont elle protège l'acuité.

Autres pouvoirs : elle donne confiance en soi et facilite l'élocution; pour les timides, elle est donc une bonne alliée. Dans le domaine des communications, elle rend plus aisés et fructueux les contacts. Avant d'accoucher, amener une chrysoprase avec soi permettra une naissance heureuse.

CITRINE

«Un rayon de soleil»

Étymologie : du latin *citrus.* La citrine est une pierre semi-précieuse.

Composition : dioxyde de silicium (la citrine naturelle est assez rare).

Couleur : du jaune pâle au jaune foncé doré.

Dureté : 7.

Système : rhomboédrique.

Vertus thérapeutiques : elle éloigne les maux d'estomac et permet de lutter contre les vomissements et les nausées.

Autres pouvoirs : sa force solaire vous guidera dans votre vie affective. Elle procure de la joie de vivre. Lors d'une entrevue ou d'un concours, apporter avec soi une citrine favorise la réussite.

CORAIL

«L'or rouge»

Étymologie : du latin *corallium.*

Composition : d'origine organique, comme la perle et l'ambre, le corail est un polype dont le squelette calcaire forme avec d'autres des polypiers pouvant constituer des récifs.
Couleur : blanc, rose, noir, mais le rouge est le plus prisé en bijouterie.
Dureté : 3-3,5.
Localisation : bassin méditerranéen, mer des Caraïbes.
Vertus thérapeutiques : le corail a un effet sur la circulation sanguine, il écarte les anémies et tous les problèmes reliés au sang.
Autres pouvoirs : il protège contre les maladies d'enfants, sa belle couleur rouge étant associée au sang maternel. Il agit également sur la fertilité. On dit aussi que porter un collier de corail rend le teint éclatant. Dans le monde arabe, il est considéré comme un porte-bonheur.

CORNALINE
«La sardine rouge»
Étymologie : de *cornevolus,* «cornouiller», en raison de la couleur rouge du fruit de cet arbre, qui rappelle celle de la pierre.
Composition : dioxyde de silicium (famille des quartz calcédoines).
Couleur : rose chair, orange-rouge à rouge-brun.
Dureté : 6, 5-7.
Système : rhomboédrique.
Localisation : Inde, Brésil.
Vertus thérapeutiques : cette pierre est conseillée dans les cas de stérilité, de troubles sexuels (impuissance, frigidité). La cornaline orange rouge donnera joie de vivre et optimisme à qui la porte. C'est une pierre très positive.
Autres pouvoirs : c'est la pierre idéale pour une femme qui convoite un homme; pour réussir son entreprise, celle-ci devra porter une bague sertie d'une cornaline et penser à l'élu de son cœur de préférence un lundi de nouvelle lune. Avoir sur soi une cornaline au moment de passer un examen est un facteur de réussite. Dans la civilisation musulmane, elle est un puissant talisman : on croit que la cornaline permet de réaliser tous ses désirs.

CRISTAL DE ROCHE
«Pierre de lumière»

Étymologie : du grec *krustallos,* «glace». C'est une pierre qui fait actuellement l'objet d'une mode sans précédent.

Composition : dioxyde de silicium pur (variété de quartz).

Couleur : de transparent à blanc.

Dureté : 7.

Système : rhomboédrique.

Localisation : Brésil, Madagascar, Europe (les Alpes).

Tradition : dans les civilisations anciennes, le cristal de roche a toujours eu une grande importance. Ainsi en Chine et au Japon, il était un instrument de culte. Les Amérindiens disaient qu'il avait le pouvoir d'emporter l'âme des morts vers la vie éternelle. C'est un récepteur d'énergie; il est le minéral par excellence de la lumière qui nous transporte spirituellement vers la clarté. Il est un pont entre le matériel et le spirituel, entre le corps et l'esprit, il aide à équilibrer ces deux domaines.

Vertus thérapeutiques : le cristal de roche calme et permet de retrouver un équilibre. Il agit aussi sur les maladies rénales et active la circulation sanguine. Il empêcherait le gain de poids.

Autres pouvoirs : à l'époque de la Renaissance, il devint le matériau de base pour la fabrication de boules et de miroirs, objets utilisés pour prédire l'avenir. Un bijou en cristal de roche rendra plus intuitive et clairvoyante la personne qui le porte. Subissant une très forte influence d'Uranus, ce minéral est particulièrement recommandé aux signes qui en dépendent (Verseau et Capricorne). Regarder un cristal de roche placé dans la lumière et y voir un arc-en-ciel est un excellent présage! Posséder un collier en cristal de roche prédispose à donner naissance à plusieurs filles.

DIAMANT
«L'indomptable, roi des pierres»

Étymologie : du grec *adamas,* «indomptable», nom qui était donné par les Grecs aux pierres dures.

Composition : carbone pur cristallisé.

Couleur : les pierres incolores (diamants blancs) ont une très grande valeur. Mais il existe aussi des diamants de différentes teintes. Certains, jaune foncé, sont, comme le Tiffany ou le Florentin, parmi les plus convoités au monde.

Les diamants bleus et verts sont très rares, les rouges rarissimes. Le carbonado, quelquefois appelé diamant noir, peut être opaque, gris ou noir.

Dureté : 10 (pierre la plus dure dans l'échelle de Mohs).

Système : cubique.

Localisation : autrefois l'Inde, de nos jours l'Afrique du Sud, qui est le principal producteur de diamants au monde. On y a d'ailleurs trouvé en 1905 le plus gros diamant jamais répertorié, le Cullinan (3106 carats, 620 grammes), qui a été offert à Édouard VII par le gouvernement du Transvaal. Le Brésil est également un important producteur de diamants.

Tradition : de nombreux écrits, dont la Bible, évoquent les extraordinaires vertus du diamant. Il est une des pierres qui ornaient le pectoral d'Aaron. Plusieurs légendes font aussi état des aspects maléfiques ou bénéfiques du diamant. Tous les diamants célèbres ont leur histoire. Le Koh-i Nor, trouvé en Inde, autrefois seul pays producteur de diamants, est une pierre blanche de forme ovale (de 186 carats après une première taille et de 108 carats à la suite d'une seconde taille effectuée en 1852) qui fait maintenant partie des joyaux de la Couronne d'Angleterre. Avant d'être offert à la reine Victoria, il causa des douleurs aux précédents propriétaires qui s'en sont séparés.

Vertus thérapeutiques : porter un diamant aidera à combattre et à enrayer l'évolution d'une maladie. Sur le plan de la santé, c'est une pierre qui a un effet réellement protecteur.

Autres pouvoirs : le diamant est une pierre qu'il faut porter seulement lorsque l'on est dans état mental qui permet d'en accentuer le côté magique bénéfique. Il nous renvoie en quelque sorte à notre image intérieure : il faut «mériter» cette gemme. Son pouvoir a toujours été en relation avec le monde des sentiments. Le diamant protégera un amour, garantissant fidélité et bonheur. Au moment d'une rupture, il ne faut jamais garder un diamant, il empêcherait la création de tout nouveau lien. Pour être efficace, le diamant doit être en contact avec la peau.

ÉMERAUDE

«Pierre de Vénus»

Étymologie : du latin *smaragdus,* «pierre verte».

Composition : silicate d'aluminium et de béryllium (variété de béryls).

Couleur : d'un vert souvent intense, pierre du printemps, l'émeraude est le symbole de la nature et de la renaissance.

Dureté : 7, 5-8.

Système : hexagonal.

Localisation : Colombie (les plus belles), Brésil, États-Unis, Pakistan.

Histoire : toutes les civilisations se sont intéressées à l'émeraude. En Inde, elle symbolisait la recherche de l'immortalité. Elle a aussi fait l'objet de nombreuses légendes, dont celle du Graal, coupe taillée dans un bloc d'émeraude que les chevaliers de la Table ronde recherchaient. C'est dans ce vase que Joseph d'Arimathie aurait recueilli le sang du Christ à la Crucifixion. De nombreux chevaliers perdirent la vie dans cette quête, et un seul le trouva, le pieux Galaad qui, ensuite, disparut avec le Graal. À Madrid, en Espagne, l'émeraude de la Vierge d'Atocha est présentée comme ayant provoqué la mort de ses anciens propriétaires, tous des hommes. Depuis qu'elle a été rendue à la Vierge, on raconte que cette dernière a le pouvoir de guérir, de rendre fertile et de protéger ceux qui l'implorent.

Vertus thérapeutiques : porter une émeraude protège des évanouissements. C'est également une pierre qui stimule la mémoire.

Autres pouvoirs : depuis l'époque des Égyptiens, on sait que l'émeraude guérit les troubles oculaires. On dit aussi que porter une émeraude agit sur la fertilité de la femme, et que ses vertus aphrodisiaques développent la sensualité. Il ne faut toutefois pas la porter avec d'autres pierres, sous peine de malheur.

GRENAT

«Goutte de sang»

Étymologie : de *bomgranate,* «pomme grenade», en raison de la couleur pourpre de ce fruit, qui rappelle celle de la pierre.

Composition : silicate de fer d'aluminium, de calcium, de manganèse, de chrome et de magnésium.

Couleur : on pense inévitablement au grenat rouge sombre qui est le plus connu, mais il existe des grenats de toutes les teintes, sauf bleues, dont les effets varient selon la couleur. On se limitera ici que au grenat rouge, le pyrope, qui ressemble beaucoup au rubis.

Dureté : 7-7,5.

Système : cubique.

Tradition : au Moyen Âge, les chevaliers de la Croisade ne partaient jamais sans un grenat, dont la vertu était de repousser les risques de danger et les blessures.

Localisation : Bohême, d'où le nom «grenat de Bohême», Afrique du Sud, où il est appelé «rubis du Cap», États-Unis.

Vertus thérapeutiques : autrefois, on croyait qu'il empêchait les hémorragies. Ses pouvoirs sont associés au domaine sanguin, surtout chez la femme. Le port du grenat régulariserait les flux menstruels.

Autres pouvoirs : pour un voyage, emporter un grenat avec soi évite les accidents et les ennuis. Cette pierre favorise aussi les négociations et les transactions dans le secteur professionnel. Cette gemme, tout comme le rubis, exerce des influences positives dans le domaine des sentiments; porter un grenat est un gage de sincérité et de fidélité en amour. Pour les natures impulsives, il est recommandé d'éviter le port du grenat, il ne ferait qu'amplifier cette tendance.

HÉLIOTROPE
«Comme un tournesol»

Étymologie : du grec *hêlios*, «soleil», et *trepo,* «tourner».

Composition : dioxyde de silicium.

Couleur : fond verdâtre, jaspé de veines rouges; on l'appelle aussi jaspe sanguin.

Dureté : 7.

Système : rhomboédrique.

Localisation : États-Unis, Inde, île de Chypre.

Tradition : dans la religion chrétienne, les taches seraient celles du sang du Christ lors de la Crucifixion.

Vertus thérapeutiques : comme toutes les pierres de couleur rouge, ses pouvoirs sont liés au sang. En raison de l'oxyde de fer qu'il contient, l'héliotrope aurait un effet coagulateur; il arrêterait les saignements de nez et les hémorragies.

Autres pouvoirs : placer un morceau d'héliotrope sous l'oreiller éloigne les cauchemars. Pour avoir une vie sociale remplie de relations intéressantes et stimuler la confiance en soi, cette gemme est un gage de succès.

HÉMATITE
«Pierre de sang»
Étymologie : du grec *hæma,* «sang», et *ehites,* «arrêt», en raison des vertus thérapeutiques de cette pierre.
Composition : sesquioxyde de fer.
Couleur : gris, noir, brun, avec des taches ou veines rouges.
Dureté : 5, 5-6.
Système : rhomboédrique.
Localisation : Europe (les Alpes), Suisse, États-Unis, Brésil, Inde.
Vertus thérapeutiques : comme l'héliotrope, cette gemme agirait sur le sang, l'anémie, les menstruations douloureuses. L'hématite aurait aussi des pouvoirs antihémorragiques.
Autres pouvoirs : l'hématite donnerait du courage pour affronter toutes les situations difficiles.

HYACINTHE
«Pierre de la joie»
Étymologie : du grec *huakinthos,* mais sous cette appellation on désignait autrefois une autre pierre.
Composition : silicate de zirconium.
Couleur : jaune-orangé, rouge-orangé, rose.
Dureté : 7.
Système : quadratique.
Localisation : Brésil, Madagascar, France.
Histoire : dans la mythologie romaine, Vénus, blessée au pied avec une épine, aurait de son sang engendré l'hyacinthe. Cette gemme est placée sous l'influence de la Lune.
Vertus thérapeutiques : elle aurait un effet sur les maladies de peau, les démangeaisons.
Autres pouvoirs : ceux qui s'aiment ont tout intérêt à se l'offrir, elle renforcera leur amour. Le port d'une hyacinthe jaune-orangé ou rose rendra gai et heureux en amour. Le pouvoir de cette pierre réside surtout dans la joie de vivre qu'elle apporte.

JADE
«Fragment de Chine»
Étymologie : de l'espagnol *piedra de ijada,* «pierre des reins».
Composition : on trouve sous ce nom deux minéraux d'aspect assez semblable, mais dont la composition diffère : la néphrite et la jadéite. La néphrite : silicate basique de magnésium et de

sodium. La jadéite : silicate double d'aluminium et de sodium.
Couleur : différentes teintes, du blanc au vert foncé, dont la plus connue est le jade vert.
Dureté : 6, 5-7 pour la jadéite (pierre dure qui servait autrefois à faire des armes) et 6-6,5 pour la néphrite.
Système : monoclinique.
Localisation : la jadéite : Birmanie, certaines régions du Tibet et de la Chine du Sud. La néphrite : Alaska, Mexique, Nouvelle-Zélande, Turkestan.
Tradition : dans la civilisation chinoise, le jade fait l'objet d'un véritable culte et il a inspiré de nombreuses légendes. C'est une pierre sacrée, la plus estimée de toutes. Afin d'obtenir l'immortalité, les dignitaires chinois se faisaient enterrer avec des bijoux et des statues en jade. Offrir un bouddha en jade est un geste qui requiert un cœur pur et qui doit concerner une personne qui le mérite en raison de ses qualités morales, sinon il portera malheur.
Vertus thérapeutiques : il est réputé soigner les infections rénales, les calculs, les troubles biliaires et les sciatiques. Dans la culture orientale, il incarne la sagesse et l'harmonie. Cette pierre a assurément des propriétés apaisantes et équilibrantes.
Autres pouvoirs : le jade porte chance au jeu et en affaires. En Chine, il est encore de coutume de toucher ou d'avoir sur soi un morceau de jade vert avant de conclure une affaire importante. Il porte aussi bonheur lorsque l'on doit convaincre un auditoire; il rend la parole aisée et facilite le processus de persuasion. Avis aux politiciens!

JAIS
«Pierre de bois»
Étymologie : du latin *gagates,* «pierre de Gages», nom du fleuve auprès duquel on en trouva en Asie Mineure.
Composition : d'origine végétale, c'est une variété de lignite fibreuse et dure, d'un noir luisant. On l'appelle d'ailleurs «ambre noir». Comme l'ambre, il a des propriétés électriques quand on le frotte, il fait office d'aimant. Quand il brûle, il dégage une odeur semblable à celle du goudron.
Couleur : noir de velours, une couleur très belle lorsque polie.
Dureté : 2-2,5.
Localisation : États-Unis, Allemagne, Angleterre, France.
Tradition : lorsque l'on fait brûler du jais, il se dégage une

fumée malodorante et assez dense qui, dans l'Antiquité, avait le pouvoir de chasser les esprits négatifs. Autrefois, les femmes en deuil avaient le droit de porter des bijoux de jais.

Vertus thérapeutiques : un morceau de jais aurait le pouvoir d'augmenter la fécondité de la femme.

Autres pouvoirs : on considère que le jais est une amulette contre le mauvais œil, qu'il aide la personne qui traverse une période difficile. Si un proche part en voyage lointain, garder près de soi un morceau de jais qu'il a tenu dans ses mains le protégera durant son absence.

JASPE
«Pierre mouchetée»

Étymologie : du grec *iaspis,* «pierre mouchetée».

Composition : dioxyde de silicium (famille des calcédoines).

Couleur : de toutes les couleurs, d'un bel effet multicolore. Aspect tacheté, rayé. Sa teinte dominante déterminera son influence.

Dureté : 6-7.

Système : rhomboédrique.

Localisation : Italie, Inde, Brésil, Uruguay, France, Allemagne.

Vertus thérapeutiques : au Moyen Âge, il était reconnu pour contrer les hémorragies, atténuer la douleur de l'accouchement et faciliter la sécrétion de lait maternel, qu'il rendait abondant. Porter un jaspe rouge en pendentif permettra une grossesse, un accouchement et un allaitement sans souci. Il est aussi conseillé pour les maux d'estomac. Il permet de rester en bonne santé; les médecins apprécient tout particulièrement cette pierre. Il faut également tenir compte de la couleur du jaspe : rouge, il est vitalisant, vert apaisant, jaune stimulant intellectuellement.

Autres pouvoirs : cette pierre constitue une amulette très précieuse contre les ennuis de toute nature. Le jaspe rend invulnérable dans bien des situations.

LABRADORITE
«Pierre du Labrador»

Étymologie : de Labrador, nom d'une vaste péninsule faisant partie des provinces de Québec et de Terre-Neuve où cette gemme fut trouvée.

Composition : aluminosilicate de sodium et de calcium.

Couleur : bleu-noir, vert-noir, avec de magnifiques irisations dorées ou bleutées.
Dureté : 6-6,5.
Système : triclinique.
Localisation : Labrador, Madagascar, Norvège, Finlande.
Vertus thérapeutiques : c'est une pierre qui aide à lutter contre la fatigue physique et nerveuse. Elle permet de se ressourcer.
Autres pouvoirs : cette gemme augmente le pouvoir de séduction, elle donne l'avantage de briller en société. Elle a aussi un effet positif sur la sexualité de qui la porte. Elle exalte la sensualité. Il faut la choisir pour obtenir du succès en amour.

LAPIS-LAZULI
«Pierre du ciel»
Étymologie : du latin *lapis*, «pierre», et *lazuli*, «d'azur».
Composition : silicate soufré d'aluminium et de sodium.
Couleur : bleu outremer avec des incrustations dorées.
Dureté : 5-6.
Système : cubique.
Localisation : Chili, U.R.S.S.
Légende : il est cité dans la Bible, on le considérait comme une pierre sacrée. En Égypte, cette pierre était vouée au culte d'Isis.
Vertus thérapeutiques : il aurait la propriété de faire pousser ou repousser plus rapidement les cheveux, de même que les cils! Il joue également un rôle apaisant chez les personnes nerveuses.
Autres pouvoirs : en Égypte, on lui attribuait le pouvoir de rendre riche son possesseur, de le protéger des difficultés financières. C'est une gemme qui apporte la fortune et la chance aux jeux de hasard. Le lapis-lazuli favorise les rencontres amicales et permet aux enfants d'acquérir la confiance en eux, nécessaire à leur épanouissement. Cette gemme serait également efficace pour développer l'intellect.

MAGNÉTITE
«La pierre d'aimant»
Étymologie : du latin *magneticus* et *magnes,* «aimant minéral».
Composition : oxyde de fer.
Couleur : noir, avec des éléments dorés.
Dureté : 4.

Système : rhomboédrique.
Localisation : Inde, Europe.
Histoire : la civilisation grecque en a fait le symbole de la puissance sexuelle, de la virilité.
Vertus thérapeutiques : elle aurait un effet antalgique (qui calme la douleur).
Autres pouvoirs : pierre magique de la vigueur sexuelle; on raconte que, dans l'Antiquité, les prostituées en portaient une afin d'attirer un plus grand nombre de clients. En cas de conflit au sein d'un couple, la magnétite aurait le pouvoir de hâter la réconciliation. Elle donnerait du magnétisme à celui qui la porte et le mettrait à l'abri d'ondes néfastes.

MALACHITE
«Pierre de paon»
Étymologie : du grec *malakhê,* «mauve», en raison du lien entre cette pierre et la mauve, qui est une plante médicinale.
Composition : carbonate basique de cuivre.
Couleur : toutes les nuances de vert, du plus clair au vert vif.
Dureté : 3-4.
Système : monoclinique.
Localisation : Australie, Chili, U.R.S.S.
Légende : dans la mythologie romaine, cette pierre était vouée à Junon, épouse de Jupiter et déesse protectrice des femmes dont l'emblème était le paon.
Vertus thérapeutiques : en Égypte, on lui reconnaissait la vertu d'éloigner les troubles oculaires. Elle serait aussi efficace contre les douleurs articulaires, les rhumatismes.
Autres pouvoirs : associée au cuivre, métal de prédilection de la déesse Vénus, la malachite attire l'amour. C'est un talisman qui apporte la félicité dans le domaine amoureux. Elle est aussi un talisman efficace dans le secteur financier. Comme le jade, il est utile d'en avoir dans sa poche lors de transactions importantes. Pour les activités commerciales, cette pierre attirera la clientèle nécessaire à la réussite. Elle est aussi très importante dans le cas d'un travail intellectuel difficile, elle donne acuité et clarté.

OBSIDIENNE
«Miroir des Incas»
Étymologie : du nom de celui qui, selon la légende, l'aurait

découverte, un certain Obsius.
Composition : verre d'origine volcanique.
Couleur : vert, brun, noir.
Dureté : 5-5,5.
Système : amorphe.
Localisation : on en trouve un peu partout, Italie, Amérique latine.
Histoire : elle fut l'objet d'un véritable culte chez les Indiens, qui la nommaient «pierre divine». Elle servait à réaliser des armes, des miroirs, des talismans.
Vertus thérapeutiques : aucune application particulière.
Autres pouvoirs : son pouvoir magique est grand. Il est toutefois préférable de ne pas choisir cette pierre, qui est utilisée en magie noire.

ŒIL-DE-TIGRE
«Pierre de vision»
Étymologie : l'agencement de ses différentes couleurs rappelle parfois la forme de l'œil.
Composition : oxyde de silicium avec inclusions.
Couleur : brun avec du jaune et du doré présentant de jolis reflets.
Dureté : 7.
Système : rhomboédrique.
Localisation : en abondance en Afrique.
Vertus thérapeutiques : cette gemme permettrait de lutter contre les crises d'asthme.
Autres pouvoirs : rien que son nom est une invitation à dépasser le réel. Cette pierre permettrait d'avoir des dons de voyance. Porter un œil-de-tigre protège contre toute forme d'envoûtement de magie noire. Il existe des variétés très proches de cette pierre, qui, selon les traditions anciennes, ont les mêmes vertus magiques que l'œil-de-tigre : l'œil de faucon, vert ou bleu intense, et l'œil-de-chat, plus rare, qui est une amulette très active contre le mauvais sort.

ONYX
«Pierre de l'ombre»
Étymologie : du grec *onux*, «ongle», cette pierre étant translucide comme un ongle. C'est une agate caractérisée par des raies concentriques de diverses couleurs.

Composition : oxyde de silicium.
Couleur : noir, brun, à bandes blanches.
Dureté : 6-7.
Système : rhomboédrique.
Localisation : Brésil, Madagascar, États-Unis.
Légende : l'ongle d'Aphrodite, cassé par une flèche d'Éros, serait tombé dans l'eau d'un étang. Les Parques, divinités romaines du Destin qui présidaient à la naissance, la vie et la mort, décidèrent de transformer l'ongle en pierre.
Vertus thérapeutiques : l'onyx éviterait les maux de gorge, la toux et l'enrouement.
Autres pouvoirs : ils sont liés à la couleur de la pierre. Un onyx à bandes rouges est réputé rendre séduisante la femme qui l'arbore. Il est préférable d'éviter le port d'un onyx noir, pierre maléfique, qui apportera des ennuis de tout ordre, sauf si vous êtes du signe du Capricorne; dans ce cas, portez-le par intervalles.

OPALE
«Goutte de pluie prisonnière»
Étymologie : du sanskrit *upala,* «pierre précieuse», ou du latin *opalus*. L'opale est une gemme translucide avec une lumière laiteuse particulière et des reflets irisées, d'où le terme «opalescence».
Composition : oxyde hydraté de silicium.
Couleur : elle peut prendre toutes les teintes de l'arc-en-ciel. Parmi les plus prisées : l'opale de feu, d'un jaune soutenu avec des irisations roses, vertes ou bleues, l'opale noble, d'un blanc laiteux avec des reflets bleutés.
Dureté : 4-5.
Système : aucun puisqu'il s'agit d'une gemme non cristalline.
Localisation : Australie, Mexique, Hongrie.
Histoire : on entend souvent dire que l'opale porte malheur. Cette légende tenace tirerait son origine de l'Antiquité romaine. Un sénateur aurait préféré s'exiler et mourir loin de Rome en emportant une opale très belle que Marc Antoine convoitait pour Cléopâtre. Refusant de céder la pierre, il aurait choisi la mort. Le nom d'«ophtalmos» lui fut aussi donné; la légende raconte que si l'on fixait une opale, des images du passé porteuses de vérité surgissaient.
Vertus thérapeutiques : elle protégerait des troubles oculaires.
Autres pouvoirs : autrefois, on lui attribuait le pouvoir de

rendre l'esprit clairvoyant. On dit aussi que le port de cette pierre permet de conserver longtemps des facultés de mémorisation. L'opale noire inciterait à la prière et à la vie religieuse, alors que l'opale de feu serait un vrai porte-bonheur, qu'elle attirerait argent et amour. D'ailleurs, il existe un proverbe à son propos :«Qui porte une opale se trouve dans la main de Dieu et ne craint nulle maladie.»

PÉRIDOT
«Émeraude du soir»
Étymologie : le péridot est considéré comme une variété plus fine d'olivine.
Composition : silicate de magnésium ferreux.
Couleur : vert-jaune.
Dureté : 6-7.
Système : rhomboédrique.
Localisation : Birmanie, Ceylan, Zébirget (île de la mer Rouge).
Légende : durant l'Antiquité et le Moyen Âge, le péridot était une pierre recherchée que l'on nommait «topaze», car on l'avait découverte dans l'île de Zébirget, où il y avait d'importants gisements de topaze.
Vertus thérapeutiques : le péridot jouerait un rôle préventif contre la surdité.
Autres pouvoirs : cette pierre aurait le don de favoriser la chance, offrant ainsi la possibilité de vivre des événements inattendus, mais à tonalité agréable. Pour les femmes, cette gemme aurait la vertu de provoquer des coups de foudre.

PERLE
«Goutte de rosée»
Composition : matière organique composée de fines couches de nacre qui s'agglomèrent en couches concentriques autour d'un corps étranger rentré à l'intérieur de la coquille d'une huître.
Couleur : on nomme «orient» (rappelant la lumière du soleil levant) l'irisation des perles, qui peuvent être blanches ou avoir une légère coloration rose, jaune, verte, bleue. Certaines, très rares, sont noires. Elles sont sensibles à la chaleur, à l'acidité, à la transpiration, aux cosmétiques. Les Chinois la définissent comme «une goutte de rosée tombée dans l'huître et qui a gardé la lumière de l'aube prisonnière». On distingue les perles fines des perles de culture créées

artificiellement (provenant d'élevage) et qui représentent 90 % du marché mondial.

Dureté : 3-4.

Localisation : Australie, Ceylan, Tahiti, golfe Persique, mers du Sud, Chine.

Histoire : elles ont fait l'objet de nombreuses légendes qui ont traversé le temps, entre autres celle mettant en présence une Cléopâtre déterminée à séduire Marc Antoine. Pour éblouir le Romain, la reine d'Égypte avait parié lui offrir un festin coûtant une fortune, dix millions de sesterces. Or à la fin du repas, étant loin du compte, Cléopâtre fit broyer et délayer dans du vin une splendide perle noire, leva son verre à la santé du général romain et gagna son pari. Une autre histoire concerne la Peregrina, perle qui, ayant été portée par des reines, fut offerte par Richard Burton à Elizabeth Taylor, qui laissa son chien imprimer la marque de ses crocs sur cette splendeur!

Vertus thérapeutiques : les nombreuses préparations à base de poudre de perle servaient jadis à guérir à peu près toutes les maladies. On retiendra que la perle était très utilisée pour les problèmes gastriques.

Autres pouvoirs : pour les Chinois, la perle aurait des vertus aphrodisiaques. En Occident, on conseille de porter les perles en collier (à condition qu'il y en ait un nombre impair) plutôt que sous forme de bague (une perle pouvant amener une rupture). Pour certains, la perle noire est une amulette qui porte chance dans le domaine financier; pour d'autres, elle est néfaste.

PIERRE DE LUNE

«Fragment de lune»

Étymologie : on la nomme aussi adulaire, sélénite. Cette gemme est liée à la symbolique lunaire.

Composition : feldspath à reflets argentés, tectoaluminosilicate de potassium.

Couleur : jaune avec une opalescence bleutée.

Dureté : 6-6,5.

Système : monoclinique.

Localisation : Ceylan (les plus belles, où elles font d'ailleurs l'objet d'un véritable culte), Brésil, Australie.

Vertus thérapeutiques : la pierre de lune est liée à la symbolique suivante : lune, pierre, eau, femme. Cette gemme favoriserait la fécondité et permettrait un accouchement plus rapide. Elle éviterait les maux gastriques. Porter cette pierre durant la phase ascendante de la lune tend à faire disparaître l'impression de fatigue, d'épuisement.

Autres pouvoirs : ils sont en relation avec l'influence de l'astre lunaire. Portée durant la phase descendante de la lune, cette gemme aurait des pouvoirs liés au monde de la nuit. Elle ouvrirait les portes des mystères nocturnes. Elle développerait les dons paranormaux. Utilisée durant la phase ascendante, elle aurait des pouvoirs magiques bénéfiques : c'est un talisman dans le domaine de l'amour. Elle cultive l'harmonie entre les partenaires et prédispose à une sexualité ardente grâce à ses pouvoirs aphrodisiaques.

QUARTZ ROSE
«Rubis de Bohême»

Étymologie : d'origine allemande, le quartz rose comprend un grand nombre de cristaux — qu'il serait fastidieux de citer. Retenons simplement que c'est toujours la teinte qui détermine l'influence magique de la pierre.

Composition : dioxyde de silicium.

Couleur : du rose pâle au rose soutenu. Le quartz rose est surtout utilisé comme élément décoratif.

Dureté : 7.

Système : rhomboédrique.

Localisation : Madagascar, États-Unis, Brésil, Tchécoslovaquie.

Vertus thérapeutiques : son effet apaisant est excellent pour l'équilibre nerveux. Cette gemme aurait le pouvoir de donner bonne mine à ceux qui la détiennent.

Autres pouvoirs : c'est une amulette très efficace pour la protection des jeunes enfants et des personnes âgées; elle veille sur leur santé et leur longévité.

RUBIS
«Goutte de sang de la terre mère»

Étymologie : du latin *rubeus,* «rougeâtre». C'est une des pierres précieuses les plus fascinantes. L'Orient, puis l'Occident, lui a voué un véritable culte. Son nom ancien est «escarboucle», qui veut dire «braise incandescente».

Composition : oxyde d'aluminium (famille des corindons).

Couleur : du rouge rosé au rouge pourpre. Cette pierre a d'ailleurs donné son nom à une teinte de rouge dite rubis. Il existe des rubis à reflets bleutés, d'un rouge violacé dit «sang de pigeon». Ces rubis sont les plus rares et les plus prisés. D'autres possèdent un éclat brun ou jaune.

Dureté : 9.

Système : rhomboédrique.

Localisation : Birmanie (les plus beaux rubis ont été trouvés à Mogok, dont un de 304 carats découvert en 1890), Thaïlande (où certains rubis sont devenus des pièces de collection, parmi eux le Rosser Reeves Ruby), Tanzanie (où la mine de Longido est connue de tous les amateurs) et plus récemment au Montana et en Caroline du Nord (États-Unis).

Légende : plusieurs légendes concernent le rubis; citons celle de la tradition hindoue où le rubis serait un diamant qui aurait été coloré par le sang de la femme d'un maharaja, victime du poignard d'un courtisan jaloux.

Vertus thérapeutiques : sa belle couleur est en soi un appel à la joie de vivre. Porter un rubis chasse les pensées noires, permet de lutter contre la dépression. Il est aussi un bon stimulant pour l'intellect et revitalise ceux qui accusent des baisses de tonus. Il garantit une bonne vitalité. Pour certains, il éviterait les pertes de mémoire.

Autres pouvoirs : la prudence est ici de mise, car les influx du rubis sont puissants : il symbolise la force, la passion et la volonté de se dépasser (dans la religion chrétienne le rubis représente la victoire du spirituel sur le matériel). Cette gemme rend invulnérable, courageux, plein d'énergie. Mais il faut savoir mériter ses bienfaits. Depuis des siècles, il est le symbole de l'amour ardent. Offrir un rubis à l'être aimé entraîne une vie amoureuse riche et sans monotonie. Il peut aussi raviver la flamme d'un amour qui s'éteint en lui redonnant l'éclat des premières rencontres, de la passion. Il doit toujours être en contact avec la peau et porté de préférence du côté gauche, le côté du cœur. Attention, le rubis change de couleur à l'approche d'un danger, il s'assombrit en cas de difficultés.

SAPHIR

«Pierre du destin»

Étymologie : d'origine orientale. Les Grecs le nommaient *sappheiros,* «aimé de Saturne», les Romains *sapphirus.*

Composition : oxyde d'aluminium (famille des corindons).

Couleur : la dénomination saphir s'applique à toutes les pierres de cette famille des corindons, à l'exception du saphir rouge (appelé rubis), mais on considère que le vrai saphir est d'un bleu qui peut prendre toutes les nuances allant du bleu pâle au bleu intense.

Dureté : 9.

Système : rhomboédrique.

Localisation : Cachemire, Sri Lanka, Thaïlande, États-Unis, Australie. On trouve parfois de très gros cristaux (20 kg) au Ceylan.

Légende : comme le diamant, l'émeraude et le rubis, le saphir donna lieu à de nombreuses légendes au cours de l'histoire. Il est la pierre de la Tradition, du Divin. Dans la tradition biblique, Abraham avait toujours avec lui une amulette qui était un saphir. Dans la tradition chrétienne, cette gemme était liée à la Vierge Marie. Parmi ceux qui sont célèbres : «La bague de saint Louis» (musée du Louvre) et «le Raspoli» (Muséum national d'histoire naturelle à Paris).

Vertus thérapeutiques : le saphir est bénéfique pour les yeux. Autrefois, il était censé guérir les maladies des yeux. Voici quels étaient les conseils prodigués par sainte Hildegarde à ce propos : «Lorsqu'une personne a des troubles visuels, elle doit prendre un saphir dans sa main pour le réchauffer. Elle doit ensuite toucher ses yeux avec cette pierre pendant trois matins et trois soirs. Ses yeux guériront ainsi.» (*Médecine des pierres précieuses de sainte Hildegarde,* de Gottfried Hertzkal et Wighard Strehlow, p. 83-88; voir bibliographie) Outre cette vertu particulière, on soutient que le saphir a la propriété de revitaliser et de favoriser la méditation.

Autres pouvoirs : selon la tradition magique, on classe le saphir en fonction de la personne à qui on le destine : le bleu foncé, bleu marine pour les hommes, le bleu pâle ou bleu ciel pour les femmes. Si cette distinction est respectée au moment de l'offrir, cette gemme vous permettra de construire une relation stable et profonde. Le saphir s'avère être la pierre idéale pour une bague de fiançailles.

SARDOINE

«Pierre de Sardaigne»

Étymologie : du latin *sardonux*. Cette pierre doit son nom à la Sardaigne où l'on en trouve à profusion.

Composition : dioxyde de silicium (famille des calcédoines). La variété rouge est appelée cornaline, la brune, sardoine.
Couleur : toutes les nuances de brun.
Dureté : 7.
Système : rhomboédrique.
Vertus thérapeutiques : on la conseillait autrefois pour atténuer diverses douleurs.
Autres pouvoirs : elle porte chance. C'est une pierre bénéfique dans de nombreux domaines et qui est d'un bon secours dans les situations difficiles. Cette gemme donne du courage.

TOPAZE
«Goutte de lumière»
Étymologie : du grec *topazos,* nom d'une île de la mer Rouge.
Composition : fluosilicate d'aluminium coloré par la présence de métaux divers.
Couleur : bleu, vert, incolore, mais en bijouterie, la jaune, qui prend toutes les nuances possibles (du jaune pâle, jaune safran au miel doré), est la plus recherchée.
Dureté : 8-8,5.
Système : orthorhombique.
Localisation : Ceylan, Brésil, U.R.S.S.
Légende : c'est une des pierres de *L'Apocalypse.* On lui a toujours accordé de nombreux pouvoirs. Hildegarde de Bingen l'utilise dans de nombreuses préparations pour lutter contre divers maux. Au XVIIIe siècle, un joaillier parisien s'aperçut que si l'on faisait chauffer la topaze, elle devenait rose, d'où son nom de topaze brûlée.
Vertus thérapeutiques : sa couleur solaire et lumineuse est un appel à la joie de vivre. La topaze jaune d'or est utile pour lutter contre la dépression nerveuse, les cauchemars, les troubles psychologiques. Mais son apport curatif serait tel qu'elle serait indiquée comme soin positif en cas de maladies de foie, de goutte et d'asthme.
Autres pouvoirs : elle protège contre la haine, la vengeance et les trahisons tant dans le domaine professionnel que sentimental. De plus, elle a le pouvoir actif d'attirer la sympathie et les gains au jeu.

TOURMALINE
«La pierre de l'amitié»

Étymologie : du cinghalais *toromalli*, «pierre de couleur [qui] attire la cendre». Elle doit son nom à une de ses propriétés : elle attire les corps légers après avoir été frottée. Elle présente des phénomènes de pyroélectricité et de piézoélectricité.

Composition : borasilicate complexe de roches acides.

Couleur : c'est sans doute la pierre qui revêt le plus grand nombre de couleurs, environ une centaine. Selon sa composition chimique, elle prend des teintes qui vont de l'incolore au noir en passant par la gamme des bleus, des verts, des roses et des rouges. Parmi les plus répandues : la rubellite (rose à rouge), l'indigolite (bleue), l'achroïte (incolore). Rappelons que c'est la couleur de la pierre qui détermine les pouvoirs qu'on lui attribue.

Dureté : 7-7,5.

Système : rhomboédrique.

Localisation : Brésil, Sri Lanka, Madagascar.

Vertus thérapeutiques : elle est un excellent stimulateur physique et psychique. Selon certains, elle aurait une influence sur le transit intestinal, la tourmaline verte le favorisant, la noire provoquant des troubles.

Autres pouvoirs : depuis le XVIIIe siècle, elle est la pierre porte-bonheur des artistes. Elle favorise l'inspiration, stimule la créativité et attire le succès. Porter une tourmaline permet de se faire des amis et de bien gérer ses relations amicales.

TURQUOISE
«La pierre des Navajos»

Étymologie : turquoise signifie «pierre de Turquie».

Composition : phosphate hydraté d'aluminium, de fer et de cuivre.

Couleur : du bleu ciel au bleu-vert lumineux. La variété céruléenne (bleu ciel) est la plus recherchée en joaillerie.

Dureté : 5-6 (pierre tendre et opaque).

Système : triclinique.

Localisation : Iran (Nichapur), Égypte (péninsule du Sinaï), Nouveau-Mexique.

Tradition : dans la civilisation aztèque, la turquoise était une pierre culte, qui servait dans la pratique de certains rites.

C'était une offrande appréciée des dieux. On lui accordait la faculté de faire tomber la pluie. Le dieu de la guerre était appelé «Prince des turquoises». En Égypte, la turquoise était très recherchée, et l'on réalisait dans cette pierre de petits objets sacrés comme les scarabées. À Venise, il est possible d'admirer dans le trésor de la place Saint-Marc une merveilleuse coupe (datant du Xe siècle) creusée dans un bloc de turquoise.

Vertus thérapeutiques : la turquoise est conseillée dans les cas de migraine, de maux de tête, et elle a aussi un effet sur la longévité.

Autres pouvoirs : porter une turquoise protège des accidents de la mer, de la route, de tous les dangers reliés aux transports. Il est de bon augure d'en offrir une à celui ou celle qui vient d'obtenir son permis de conduire! Elle a également un effet protecteur sur les animaux. Au Moyen-Orient, amulette des cavaliers et des chevaux, elle était réputée pour protéger des chutes de cheval. De plus, cette gemme bénéfique apporte le courage nécessaire pour affronter les situations difficiles.

L'ARGENT ET L'OR

Il nous apparaît important d'ajouter à ce répertoire l'argent et l'or, deux métaux qui possèdent une symbolique qui leur est propre et qui vient renforcer celle des pierres.

ARGENT

Étymologie : du latin *argentum*. On connaissait son existence en 2500 av. J.-C. On l'exploitait alors pour faire de la vaisselle et des bijoux. Comme l'or, il est doté de certains pouvoirs.

Provenance : on le trouve rarement à l'état pur dans le sol. Il est le plus souvent combiné au soufre ou à l'antimoine. La plus grande production d'argent provient des mines du Mexique, du Pérou, du Canada, de l'Australie.

Propriétés : c'est un métal précieux, blanc, brillant. C'est, après l'or, le plus malléable et ductile des métaux. Il fond 960 °C. On l'allie au cuivre pour lui donner de la dureté.

Pouvoirs : les alchimistes le nomment «métal de la lune». Notons que l'argent a depuis toujours été associé à la lune. Certains croient qu'il aurait même la faculté particulière d'absorber les rayons lunaires. C'est pourquoi on conseille de le porter de préférence à la pleine lune. Ce métal est reconnu pour contrer les influences négatives, les esprits malins, Aujourd'hui, on l'utilise dans la fabrication de bijoux; il est d'ailleurs recommandé pour certaines pierres qui sont placées, elles aussi, sous l'influence de la planète Lune, comme la pierre de lune ou la perle.

OR

Étymologie : du latin *aurum*. La connaissance de l'or remonte à la plus haute antiquité. Dans l'Égypte ancienne, l'or était très prisé; on y incrustait des pierres précieuses telles que la cornaline, le lapis-lazuli, la turquoise. Il était un «passe-port» pour la vie éternelle!

Provenance : on le trouve dans des veines de quartz, à l'état libre ou combiné dans des sédiments alluvionnaires secondaires. En fait, il est relativement abondant à la surface de la terre. Quand il est allié naturellement à l'argent, on l'appelle électrum. L'Afrique du Sud est présentement le principal producteur d'or au monde.

Propriétés : ce métal d'un jaune brillant est inaltérable à l'air et à l'eau. On le fond à 1064 °C. Il est le plus malléable et le plus ductile (on peut l'allonger et l'étirer) de tous les métaux. Facile à travailler, il est le métal de prédilection en bijouterie. Il y a plusieurs sortes d'or : l'or vert contient du cuivre et de l'argent, l'or blanc contient du zinc et du nickel ou des métaux appartenant au groupe des platines. Notons que l'or jaune est le plus recherché.

Pouvoirs : l'or a toujours fasciné les hommes. Inaltérable et pur, les religions en ont fait un métal sacré utilisé pour réaliser les objets de culte. Il fait partie de notre patrimoine culturel. Il est aussi indissociable du soleil. On lui a longtemps attribué des pouvoirs curatifs. En frottant la partie malade du corps avec une pièce en or, on en hâtait la guérison. À la Renaissance, boire de l'eau dans laquelle était diluée de la poudre d'or était un moyen d'accéder à l'immortalité. De nos jours, on se sert de sa lumineuse couleur en chromothérapie : son éclat, sa lumière dorée à l'image des rayons du soleil ont des effets souverains sur l'âme. De plus, sa pureté et son inaltérabilité mettent en valeur la beauté des gemmes, dont il ne contrarie pas les influences dans la majorité des cas. N'oublions toutefois pas que certaines pierres doivent être en contact direct avec le corps pour agir, le diamant et le rubis entre autres. Il est donc préférable de choisir un pendentif à une bague si l'on veut vérifier l'efficacité des influx de la gemme.

UNE PIERRE POUR CHAQUE USAGE

A
Accouchement : malachite, jaspe rouge
Amitié : grenat, tourmaline
Amour : diamant, rubis, corail rose
Argent : jade, opale de feu, saphir

B
Beauté : améthyste
Bonheur : saphir, cornaline

C
Chance : agate, jade, ambre
Clairvoyance : améthyste, cristal de roche
Coup de foudre : (le susciter) chrysolithe
Courage : turquoise, sardoine

E
Énergie : (vitalité) cornaline
Espoir : émeraude
Éternité : diamant

F
Fécondité : pierre de lune, perle
Fiançailles : aigue-marine
Fidélité : grenat

G
Guérison : calcite

J
Jeunesse : aigue-marine
Jeux : topaze
Joie : rubis, lapis-lazuli

M
Méditation : cristal de roche

P
Protection : agate, diamant
Protection des enfants : turquoise
R
Réussite : (aux examens) ambre
Rêve : pierre de lune

S
Séduction : magnétite, quartz rose
Sensualité : cornaline, émeraude
Sexualité : magnétite, pierre de lune (adulaire), rubis
Spiritualité : diamant, améthyste, cristal de roche
Succès amoureux : rubis
Succès financier : tourmaline verte, jaspe vert

T
Travail : citrine, chrysoprase, zircon

CHAPITRE 12

Les diamants maudits

12

LE KOH-I NOR

Le Koh-i Nor a une histoire terrible et sanglante. La légende
veut que ce diamant ne puisse être possédé par un homme
sous peine de provoquer désastre et mort. Seuls les dieux, ou
une reine, peuvent échapper à cette malédiction. Nous allons
voir comment l'histoire rejoint la légende à propos d'un des
plus célèbres diamants du monde, «La Montagne de
Lumière», dont l'existence fut signalée, au milieu du XVIIe
siècle, par un marchand européen qui avait pu se faire admettre
auprès des rois des Indes.

Baptiste Tavernier, qui ramènera de nombreuses gemmes
et vendra le Grand Diamant Bleu à Louis XIV, mentionne l'origine ancienne et légendaire du Koh-i Nor. Une jeune fille
pauvre découvrit au bord d'un fleuve indien un bébé portant
la pierre sur son front. Se révélant être le fils du dieu Soleil
et d'une princesse (du nom de Karna), il fut alors adopté. Mais
sa présence provoqua guerres et ruines, jusqu'à ce qu'il fût tué
dans un duel. Au cours de cet épisode, le Koh-i Nor fut perdu...
pour être de nouveau trouvé par une jeune fille qui en fit offrande à Civa. La pierre fut ainsi posée sur le front du dieu dans
son temple, à Thanesar, et elle y resta pendant des siècles.
La légende des brahmanes rapporte qu'un profanateur
voulant s'emparer de ce trésor minéral aurait connu une
mort inexplicable.

Historiquement, on estime que la gemme provient du
gisement de Bijapur et que son premier propriétaire connu
(fin XIIIe siècle) est un certain prince de Malwa. Quant au souverain Ibrahim Lodi, deuxième propriétaire, il aurait été tué

par le premier des grands Moghols, Babur, qui se serait alors emparé du Koh-i Nor (XVIe siècle). En 1739, le roi de Perse, Nadir Shâh, ayant décimé les descendants de Babur, aurait réussi à mettre la main sur la pierre tant convoitée. Mauvaise inspiration pour l'envahisseur. En effet, en 1747, une conspiration ourdie par son armée renversera le tyran. Il sera assassiné, et ce sera le début d'une longue suite d'exactions, de tortures, d'assassinats et de complots.

En effet, pour obtenir le Koh-i Nor, le roi Seyd Muhammad fera torturer celui à qui il a ravi le pouvoir, Shâh Rukh. En 1751, Shâh Rukh, ayant toutefois réussi à conserver le joyau, l'offrira à son libérateur Shâh Durani, dont le petit-fils Zaman Shâh, déchu de son trône, sera enfermé dans les geôles de Shuja Mûlk. Puis ce sera à l'usurpateur d'être évincé du pouvoir et exilé au Pendjab. La pierre finira par atterrir entre les mains de Ranjit Singh.

Mais en 1849, ce sera au tour des Anglais et de la Compagnie des Indes de s'emparer des richesses de Lahore. Puis en 1850, la reine Victoria héritera du Koh-i Nor, qui ne quittera plus jamais Londres. En effet, depuis 1937-1938, la couronne d'Angleterre est désormais sertie du célèbre diamant indien que l'on venait de retailler.

La malédiction fut bien comprise par la reine Victoria, et il est certain que ses volontés seront respectées! Si la reine Elizabeth se montre parfois avec cette pierre chargée de légende, on peut parier qu'aucun souverain anglais de sexe masculin ne s'avisera de l'arborer. La puritaine souveraine aurait-elle trouvé là le moyen d'écarter les hommes du trône?

LE HOPE

Revenons au Grand Diamant Bleu. Comme nous l'avons indiqué plus avant, Louis XIV devint le 6 décembre 1668 premier grand propriétaire européen de ce «Diamens» grâce à Baptiste Tavernier. Ce dernier l'avait-il dérobé en Indes, l'avait-il reçu en cadeau ou l'avait-il acheté à un prix exorbitant? On ne sait. Toujours est-il que le prospère marchand se vit très vite ruiné. On dit même qu'il trouva une mort atroce en retournant vers l'Inde où il fut dévoré par un tigre. Puis la pierre passa de Louis XIV à Louis XV, tandis que la mécanique qui mettra fin à la monarchie française dans le sang s'était déjà mise en marche. En 1792, pendant la Révolution française et un an avant la mort de Louis XVI sur l'échafaud, le diamant fut dérobé.

On le retrouva en Angleterre en 1830, après avoir été retaillé. Un banquier du nom de Hope en était devenu le nouveau propriétaire. Lui aussi d'ailleurs finira ruiné. En 1908, le Hope passa aux mains du sultan Abdul-Hamid, que l'on ne tarda pas à accuser d'avoir assassiné sa favorite.

Et qu'en était-il de M. McLean, ce milliardaire qui périt lors du naufrage du *Titanic*? En avait-il vraiment fait l'acquisition? Rien ne le prouve, mais ce que l'on sait, c'est qu'il a bel et bien appartenu par la suite au joaillier parisien Cartier.

Mais fort heureusement, la triste histoire du Hope connut un dénouement favorable grâce au diamantaire américain Harry Winston qui, dans les années 50, s'en débarrassa d'une drôle de façon. Il fit en effet parvenir au Smithsonian Institut un paquet postal anonyme dans lequel les heureux dépositaires trouvèrent le Hope. M. Winston a-t-il voulu ainsi échapper à la malédiction? On ne le saura jamais vraiment, mais son cadeau fait toujours la joie des touristes de Washington.

LE ORLOFF

L'histoire du diamant que l'on nomme Orloff est moins tourmentée. Ancien favori de la Grande Catherine II de Russie (1729-1796), le prince Orloff, voulant regagner les grâces de la souveraine, fit l'acquisition dans les années 1770, à un prix pharaonique, d'un diamant indien équivalent en volume à un demi-œuf de poule. Cette pierre était passée très rapidement entre plusieurs mains avides de plus-value ou désireuses de se défaire au plus vite du dangereux joyau. La Grande Catherine refusa de le porter et le prince resta en disgrâce. Le Orloff fait aujourd'hui partie du trésor du Kremlin. On peut le voir éclairer de ses feux le sceptre impérial de Russie. Quant au malheureux prince délaissé, il finit à demi-fou et mourut dans la déchéance moins de dix ans plus tard. Quant aux successeurs des tsars qui s'emparèrent du sceptre impérial, on sait ce qu'il advint de leur régime révolutionnaire.

Bibliographie

Sur l'étude des cristaux

Encyclopédie électronique Encarta.
Articles sur les cristaux, la taille et la géologie.

SCHUMAN, Walter. *Guide des pierres précieuses, pierres fines et ornementales.* Neuchâtel, Éditions Delachaux et Niestlé, 1992.

Sur les pouvoirs des pierres

BOURGAULT, Luc (Aigle Bleu). *Le cristal en thérapie dans la tradition amérindienne.* Guy Saint-Jean Éditeur, 1992.

CAILLOIS, Roger. *Pierres.* Éditions Gallimard, 1966.

CAYCE, Edgar. *Les pierres qui guérissent.* Éditions de Mortagne, 1992.

FAIVRE, Antoine. *L'ésotérisme.* Paris, PUF, 1992, coll. Que sais-je.

HERTZKAL, Dr Gottfried et Dr Wighard STREHLOW. *La médecine des pierres précieuses de sainte Hildegarde.* Montsurs, Éditions Resiac, 1990.

MANTEZ, Daniel, J.-M. et M. PAFFENHOFF. *ABC des pierres énergétiques.* Paris, Éditions Michel Grancher, 1997.

Bibliographie

MOZZANI, Éloïse. *Le livre des superstitions.* Paris, Éditions Robert Laffont, 1996.

ORIS, Edmond. *Le grand livre des amulettes et talismans.* Paris, Éditions de Vecchi, 1992.

PERNOUD, Régine. *Hildegarde de Bingen, conscience inspirée du XIIe siècle.* Éditions du Rocher, 1994.

STRAPPAZZON, Valentin. *Le pouvoir des cristaux.* Paris, Éditions Plon / Mame, 1996.

TUAN, Laura et ZACHARIEL. *Le pouvoir magique des pierres précieuses.* Paris, Éditions de Vecchi poche, 1987.

VANGH, Aba. *Les talismans, ce qu'il faut savoir.* Bruxelles, Éditions Savoir pour Être, 1994.

WALKER, Barbara. *Cristaux, mythes et réalités.* Paris, Éditions Dangles, 1993.

DANS LA COLLECTION LUMIÈRES

1. Votre thème astral : guide pratique d'analyse et d'interprétation

2. Le Tarot de Marseille : maîtrisez la symbolique
pour mieux interpréter l'avenir

3. L'hypnose par la pratique : utilisez pleinement votre potentiel

4. La kabbale et ses mystères : accédez à une vie épanouie

5. Les secrets de votre pendule : méthode pratique d'initiation
à la radiesthésie

6. Le rêve et ses symboles : sachez interpréter le langage secret
de votre sommeil

7. La vie après la mort : témoignages et expériences sur l'après-vie

8. Astrologie et psychologie : gérez vos relations
par la psycho-astrologie

9. Le tarot bohémien : la symbolique des Imagiers du Moyen Âge

10. La réincarnation de A à Z : dictionnaire des vies antérieures

11. Le vaudou : enquête aux pays des zombis

12. Nostradamus : les nouvelles révélations

13. Les runes : la clé des grands mystères

14. La cartomancie : l'art d'interroger les cartes
et de les interpréter

15. Les ovnis : pourquoi vous cache-t-on la vérité?

16. Le Yi-king : maîtrisez votre destin par la sagesse
de l'oracle chinois

17. Le karma : comment faire face à son destin

18. La magie des pierres précieuses : découvrez la pierre qui vous
est destinée

À paraître :

19. Le secret des nombres : entrez dans cet univers symbolique et
mystérieux

EN CADEAU!

Votre **carte du ciel** et votre **profil astrologique**

Remplissez et renvoyez-nous le plus rapidement possible
ce coupon-réponse et vous recevrez **gratuitement** chez vous,
et sans aucun engagement :

– **la carte du ciel en couleurs** de votre jour de naissance
– **l'analyse de votre personnalité astrologique**
détaillée dans un dossier de cinq à six feuillets

Les renseignements pour mon thème astral :

Prénom _____

Date et heure de naissance |__|__| |__|__| |__|__| à |__|__| heures |__|__| minutes
                              JOUR   MOIS   ANNÉE

Lieu de naissance : Ville _____

Province_____ Pays_____

Mon adresse :

Nom_____ Prénom _____

Adresse _____

Ville _____ Province_____

Pays_____ Code postal _____

[18]

Mes centres d'intérêt :

☐ Astrologie
☐ Paranormal
☐ Psychologie
☐ Divination
☐ Spiritualité
☐ Autres (préciser) _____

Je lis des ouvrages d'ésotérisme :

☐ Souvent
☐ Régulièrement
☐ Parfois

J'effectue habituellement mes achats :

☐ En librairie
☐ En grands magasins
☐ Par correspondance
☐ Autres (préciser) _____

Je souhaite, sans aucun engagement :

☐ être tenu au courant
  de vos nouveautés et promotions
☐ recevoir régulièrement
  vos catalogues

Renvoyez ce coupon-réponse, sous enveloppe affranchie à

ÉDITIONS DE BRESSAC
5, avenue du Maréchal Juin
92100 BOULOGNE
France